山のメディスン

弱さをゆるし、生きる力をつむぐ

稲葉俊郎

ライフサイエンス出版

はじめに

わたしは生きていくうえで大切なこと、かけがえのないことのすべてを山から学びました。わたしにとって山は、生きる指針であり、また霧の中で迷っている時、暗闇に光を灯し、生きる方向を導いてくれた羅針盤でもあり、先生のような存在でもあります。もちろん、「山先生」は無言なため、何も語り掛けてはくれません。しかし、全身全霊で働き掛けることで、こちら側の器や感受性に応じたものを、何一つ隠すことなく必ず返してくれました。本気で必死にいのちがけで働き掛ければ掛けるほど、そこで得た学びや気づきは自分の礎となっていきました。

本書はそうしたわたしにとっての山のイメージからインスピレーションを受け、『山のメディスン――弱さをゆるし、生きる力をつむぐ――』と題しました。ちなみに、メディスンという英語には「医学、医療、医術」といった意味以外に、「薬、魔法、治す、通過儀礼」といった意味もあります。

わたしが本書を通してみなさんにお伝えしたい山のイメージには、登山のことはもちろんですが、医術としての側面を残す山岳医療のこと、わたしが取り憑かれた山が持つ魔術性や神秘性のことなどがあります。また、山には登山を通して固定観念や執着や煩悩にとらわれている人間の内面を白紙にさせて、結果的に成長・成熟させる器のような働きがあるのではないかとも感じていました。このように自分にとって「くすり」のように働くすべてを一語で言い換えたものが「メディスン」という言葉です。わたしにとっては山に入ること自体が、メディスンになっているのです。

また、登山中には必ず弱い自分に出会うことになります。しかし、この場合の「弱さ」は善悪で計れるものではありません。むしろ、弱さを受け入れると、山への畏敬や畏怖の念が生まれ、山という大いなる存在から受容され、「ゆるされている」ような感覚が生じます。これこそがまさにわたしたちを司るいのちの「強さ」に触れている瞬間なのではないかと思います。そうして触れるいのちの強さは、わたしにとって教育、自然との共生、芸術、対話、チームの在り方など、さまざまな物事の本質を深く掘り進めて行く際の「生きる力をつむぐ」原動力になっています。これも本書の地下水脈として流れているテーマであると思っています。

山は常にそこにあります。近づかないのもよし、遠くから眺めるもよし、思い切って飛び込んでみるのもよし。それぞれの時期とタイミングによって距離感は異なって当然です。都市生活や人間関係に疲れた時、この本がきっかけとなり、山に関心を持ってもらえればこんなにも嬉しいことはありません。この本があなたにとってのくすりのようなものとして作用することを願います。

本文について

第1章はわたしの山との出会いを書きました。大学生の時に山岳部に入部することになるのですが、幼少期から中高時代の助走期間のような遍歴についても書いています。出会いは突然やってくるように感じられるものですが、こちら側の心の窓が開くまでの準備期間があります。心の準備次第で出会いが起きる場合も起きない場合もある。そうしたことを共有したいと思いました。通路が開かれなければ、そこに道があること自体に気づけません。

第2章は山岳部での登山と山岳診療所の話です。わたしが所属していた東京大学医学部山岳部（鉄門山岳部）は長野県穂高山域にある涸沢ヒュッテという山小屋のご厚意で、夏季限定の山岳診療所を運営していました。前穂高、奥穂高、北穂高に囲まれたその地は、山好きには最高の立地でした。当時のわたしは医学の素人であると同時に山の初心者でした。そこで医学のイロハを学び、同時に山のABCを学んだのです。

2011年3月11日の東日本大震災での医療ボランティアを経験して以降、わたしは能楽の稽古をするようになりましたが、それは医師として、人として、初心に戻るための稽古でした。能楽の大成者である世阿弥は「是非の初心忘るべからず。時々の初心忘るべからず。老後の初心忘るべからず。」（『花鏡』）と記しています。この著作から「初心忘るべからず」という言葉が使われるようになります。世阿弥は、未熟な時でも、年老いてからでも、常に「初まりの心」（初心）があり、何にも染まっていない「初心」に戻ることの大切さを説きます。わたしにとって、医療においても登山においても、初心に戻れる場所は人間界ではなく自然界の「山」です。初心に戻る場所を決めること、そして、定期的に初心に戻り、空白や余白を獲得することは誰にとっても大事なことだと思います。

第3章では山岳医療について書いています。医師として現在は病院の中で働いていますが、人工物が少ない山での医療がわたしの原点です。ちなみに、どんな文明であっても、天災一つですべてが失われる可能性がありますが、山岳医療は、身一つでベストを尽くすというところに醍醐味があります。たとえすべての前提が儚く失われたとしても、気持ちを切り替えて逞しく楽しく生きていくために、山岳医療はわたしの原風景のように心の奥深くに鎮座し続けています。

第4章では、都市と山との間合いを計る中で軽井沢に引っ越した経緯を書いています。読者の方が新しい行動に踏み出す際の一助になればと思い、わたしの個別事例を紹介しています。この地球上で理想郷や楽園はどこかにあるのでしょうか。もちろん、それは頭の中、イメージの中にしか存在しないかもしれません。ただ、どんな場所に住むのであっても、その場を「好き」になること、その場に貢献することは大切だと考えています。

第5章では山と芸術に関して記しました。わたしは漫然と生きるのではなく、日々を生まれ変わり続けるようにして生きることが大切だと思っています。いのちの中で死と生は一体化しています。それは芸術の秘儀にも通じます。ゲーテは「死して成れ」(『西東詩集』)と記しましたが、登山体験は常に生まれ変わりのプロセスであると感じています。山と芸術とが地下水脈で響き合うことについて書きました。

第6章では人と人とがつくる組織やチームの在り方を、登山でのパーティーを例に考えました。実際、わたしは医療現場の中でも「登山であればどういう局面だろうか」と考え直すことで客観的に冷静に対応できることが多いのです。登山は極限的な状況の連続です。ちょっとした判断が生死に関わります。いのちの手触りを感じるようにして日々の判断をしていくことが、「おのずから」生まれてきたこの人生を「みずから」引き受けることにつながるだろうと感じています。

第7章では登山でも実践できる身体の知恵を書きました。道具に頼らず、この与えられた身一つでどう工夫して登山を楽しむことができるのか。わたしが登山中に秘かに楽しんでいたのはこうした未知なる身体との対話であり、それは自分を深く知ることそのものでした。

第8章では本書が山岳医療をテーマの一つにしていることから、食後のコーヒーのような医学的な知識として具体的な山のメディスンを書いています。もちろん、この章以外のすべてに通底するテーマが山のメディスンなので、どこから読んで頂いても構いません。わたしが山から学んだことは広く深く、一見するとバラバラに思えるテーマが、すべて心と魂の世界でつながり合っています。ことばがくすりとして読み手の心に届きますように、との祈りを込めながら。

第2章　山岳部と山岳診療所　59

第3章　山岳医療という場　105

第4章　いのちの居場所軽井沢　133

第5章　山と芸術《アート》　155

第6章 登山から学んだチームのつくりかた 189

第7章 登山に活かすいのちの知恵 217

第8章　いのちを守る山の救急箱　253

山のメディスン――弱さをゆるし、生きる力をつむぐ――

プロローグ

あなたは生死をさまよった記憶があるだろうか。

多くの人が何かしらの記憶を持っているはずだ。車に轢《ひ》かれそうになった、川で溺れそうになった、40度近い熱が出た、山道で迷った……。

その記憶をなぜ覚えているのか？　覚えようとしているわけでもないのに、あなたの奥深くでなぜ記憶されているのか？

それは、人生の分岐点として重要な記憶だからではないだろうか。

つまり、それは左手に行けば違う世界に行っていたかもしれないが、右手に行ったからこそ今この自分が連続的に存在している、言わばY字路の分岐点である。

わたしたちは、そうした多くのY字路を毎日のように通過しているが、ほとんどが記憶にない。そもそも、生きている、ということ自体に実感がなく、当たり前であるとさえ感じ、感謝や感動すら覚えなくなる。

ただ、医療業界にいるわたしは、生きているという状態が続いているだけで、尊いことなのだ、ということを知っている。生きているだけで十分だ、と骨身に沁みて分かっている。それはY字路の生の世界ではなく、死の世界へと足を踏み入れざるを得なかった人たちが大勢いて、そういう人の代わりに生きている。そうしたことを日々改めて思うからだ。

わたしも、死にそうになった記憶があるが、その記憶を大切に持っている。死んだ可能性があったのに生きている。だから、生きているだけで十分だ、と。

第1章

山と出会う

幼少時に生死をさまよっていたわたし

3歳から4歳頃の幼少時の記憶として、病院のベッドの上で生活していたことを昨日のことのように覚えています。わたしの視点の先は主に天井です。天井のしみの形や模様のパターンまで克明に覚えています。天井の手前には点滴棒が立っています。ベッドで横になっていますが、鼻の穴からチューブが入っていて、そこを伝わって流れて来る液体は土のような色をしていました。鼻は定期的にむず痒くなるのですが、誰かに伝えることができません。いつもムズムズした鼻の感覚を我慢しています。鼻や喉の内側など、わたしの内側がわたし自身にシグナルを送り続けています。

手に力を入れると右手も左手も動きますが、点滴の管につながれているため、あまり自由は利きません。腕を動かさないように気をつけながら、指に意識を集中して指だけを目的もなく動かしています。朝目覚めると、両手の指を動かそうとします。そして、「指よ、動いてくれ」と頭の中で念じてみます。頭の中のイメージと身体を連動させることで、実際に指が動くことを確認します。こうした確認作業をしていると、そもそも、頭の中で念じたことが身体の動きとして現れてくること自体が不思議なのではないか、という思いに駆られます。そんな不思議な現象がしっかりと続いていることにほっと安心します。どうやらわたしの想いという形のないものと、身体という形あるものは、わたしという存在によってつながっているようです。

また、わたしの視野には鼻の先がボンヤリと見え、白い制服を着た看護師さんが働いているのも見えます。そして、わたしは点滴のボトルの水滴が一粒一粒なくなっていくのを見ながら、この水滴がなくなればやっとこの点滴から解放され、両手は自由に動かせるようになるのか、と期待しますが、常に新しいボトルがつながれてしまいます。期待は絶望によって裏切られますが、いつかその期待は叶うのではないかと、わずかな望みは捨てていません。

一方で、この点滴がわたしの生命維持にとって重要な意味を持つこと自体は分かるのですが、なぜわたしだけがこの点滴に依存しているのかはよく分かりません。わたしのケアをしてくれている目の前の看護師さんは点滴につながっていないのに、元気に動き回っています。

なぜ、わたしはベッド上で、なぜ、あなたはベッド上ではない場所を動いているのか、この異なる二つの世界を隔てているものは何なのか。どうやら立場や役割が違うようですが、なぜこうして世界が分かれているのかすらもよく分かりません。

ただ、はっきりと分かっていることが一つだけあります。それは、わたしが身体を動かす元気がなく、声を発することもできないということです。当時のことを思い出してもそもそも言葉を知らないからなのか、鼻からチューブが喉の奥にまで入っているからなのか、その辺りの正確な理由もよく分かりません。指を動かす元気もなかったのですが、生きていることを確認するために朝目覚めると指を動かしてみることが日課になりました。そうでないと、今が夢なのか、起きているのか、その区別が常に曖昧だったからです。

ベッドの上で動けない。でも動きたい。動ける人と動けない人がいる。その区別は何なのか。わたしはどうしてもあの壁を越えられないのだろうか。悔しいなどという感情はとくになく、淡々とそうした壁や隔たりのことを考えていました。わたしにとって窓から広がる青い空や雄大に飛ぶ鳥などの外の世界は、大きな壁で隔てられた異なる世界だったのです。

身体の操縦法を身につける

幼少時のわたしは生命が危ぶまれ、ベッドから動けないほど憔悴していましたが、医療の力と周囲の愛情、そして、驚異的な自然治癒力の発動によって回復していきました。今でも、あの同じ病室でいっしょに過ごした顔も知らない子供たちの存在は忘れません。それぞれどのような人生を送っているのか知りませんが、ただ、赤い糸で結ばれているような感情はいまだに色濃く記憶しています。

わたしはようやく病院の生活から解放されて外の世界に出られると思いましたが、同年代の子供と比べてとても身体が弱かったため、両親から「あまり無理してはいけない」と言われ続けていました。なぜなら、少し身体を動かすと、すぐに足が棒のように重くなり、疲れ果ててしまっていたからです。横断歩道の信号待ちは、必ず地面に座って休んでいました。

外出しても身体をうまく扱えないわたしは、仕方なく家で本や漫画を読んだり、LEGOを組み立てたり、ゲームをしたりして遊ぶようになりましたが、なぜか熱中し出すと止めることができません。行きつくところまで行ってしまうため、必ず高熱を出して寝込んでいました。病院で寝込んでいる期間が長かったせいか、どこまで熱中していいのか、どこで止めるべきか、どの段階で休むべきかが全く分からなかったのです。同年代の子供たちが外で遊んでいるのに、外に出て自由に遊べない。家にいて熱中できる遊びを見つけても熱中し過ぎて、ブレーキがうまくかけられない。わたしと彼らを隔てているものは何なのだろうか。なぜ、彼らは頭や身体を自由自在に扱えているのか。この時も不思議に感じていました。

このままではずっと普通の生活ができず、生き延びることすらできないのではないか、と危機感を抱いたわたしは、自分なりに身体の操縦法を学ぶ必要があると思いました。そこで、まずは、正式には誰からも教わったことがないもっとも基本的な身体の動かし方、つまり、立ち方や歩き方の練習を始めることにしました。実は立つ、という動作は、思いのほか背筋や腹筋などを使い、重い頭蓋骨を支えるためにも筋力を必要とします。普段当たり前に行われている動作も当時のわたしにとってはそれなりの重労働だったのです。

まず、微細な身体の感覚を総動員させながら、立つ、歩く、という基本的な動きを通して身体の各部と仲良くおしゃべりしていきます（身体の部分を人間の友人だと本気で思い込んでおしゃべりするのです。例えば、足の指くん、肩甲骨さん、と呼び掛けながら、心の中で思うだけでもよいので話し掛け、仲良くおしゃべりしてみてください）。こうした身体の使い方の練習を繰り返し行っていくうちに次第に長時間立つことができるようになりました。すると、だんだん長距離も歩くことができるようになっていったのです。ただ、当時のわたしは立つことよりも歩くことのほうが容易だと感じていました。それというのも、歩く時に重心を前に倒せば、自分の体重で前に進むからです。転んだ時のことを想像してみてください。石などにつまずくと、身体は前に自動的に進みます。つまり、この動作は筋力を使っているわけではありません。わたしは上半身が倒れる力を利用して、足を前へ前へと進めていました。

後年、登山にのめり込むようになりましたが、この時に身につけた身体の使い方が、登山家や山伏の身体技法と考え方が似ていることを知りました。当時のわたしは、少しでも身体を動かすと疲労していたので、どうすれば筋力を使わずに日常生活を送れるのかについて自然と試行錯誤するようになっていたのです。

また、この時に身体の動きは細かい動きの連続によって大きな動きが生み出されているのではないか、ということにも気づきました。そこで、わたしは身体の動きを分割して統合する動作訓練を日々重ねていきました。例えば、独立した指の動きをある程度慣らしていくと、動きが統合されて手が全体的に動くようになります。後年医師になってから脳梗塞や脳出血の患者さんのリハビリテーションの現場に立ち会うこともありましたが、わたしが行っていた動作訓練はこの原理とほぼ同じ考え方でした。

少しずつ動作訓練の成果が出始めると、さらに身体の動きを細かくして観察していきました。そうするうちに、身体の動きを無限に細かくしていけば、ミクロな世界になっていくことに気がつきました。人間の細胞は60兆程度あると言われますが、そうした細胞の働きの一つひとつが身体の動きに関係しているのではないか、と思うようになりました。わたしはそうした身体の土台となる物言わぬ存在たちの精妙な力を感じるようになっていたのです。当時のわたしは人間の身体の動きをできるだけ細かくしていけば、身体の隅々まで意識が向けられるようになるのではないか、また人間の意識が及ぶ身体の最小単位はどこまでなのか、などについても常に考えていました。今思うと、前著『いのちを呼びさますもの――ひとのこころとからだ――』（アノニマ・スタジオ）で提示したわたしの身体理解はこの時期に養われたものかもしれません。

体育への違和感

　このように幼少時のわたしは、どうしたら同年代の子供たちと同じように身体を動かせるのかについて絶えず模索していましたが、小学生になってもしばらくの間は体育の授業に出ることができませんでした。体育の時間になると、必ず校庭のグラウンドの脇に座って先生の指導風景や子供たちの身体の動きをぼんやり見ているのが日常でした。

　冬の寒い時期には、同級生たちは半袖、半ズボンになり、先生は長袖のジャージを着ていることに気がつきました。当時のわたしは、この光景を見て単なる不平等ではないか、本当に教育なのだろうか、と不思議な想いを抱くようになりました。また、体育の授業中に行われる徒競走では、足の速い順番に順列がつけられることにも気づきました。これについても体育とは名ばかりの競争ではないか、という疑問が湧いてきました。

　当時身体をうまく動かせなかったわたしは、身体を思い通りに動かすことの難しさに気づいていました。そのため、単にスピードや力の優劣を競うのではなく、自分のイメージ通りに身体が動く人こそ、つまり、頭で考えていることがそのまま身体の動きとして反映できる人こそが、本当に運動に長けた人なのではないか、という自分なりの見解があったのです。

例えば、プロ野球選手はとてもきれいなフォームでボールを投げます。とはいえ、わたしがプロ野球選手と同じようにボールを投げようと思っても、自分の頭の中のイメージと身体の動きが全く一致しないのでうまく投げることができません。この時の体育の見学がきっかけで、スポーツ選手の身体の動きを参考にしながら、自分の頭の中のイメージと身体の動きを連動させる訓練をするようになりました。

その結果、徐々にイメージと身体が連動するようになりました。そうした練習を繰り返しているうちに、身体を動かすことが苦しみではなく、喜びになり始めました。この時に学んだイメージすることの大切さは、その後のわたしの物事の考え方や見方に大きな影響を与えました。イメージが自分にとって適切でありさえすれば、時間がかかったとしてもあらゆるものが適切な形で自分の中に舞い戻ってくるのです。

例えば、「よい大学に入りたい」「よい会社で働きたい」という漠然としたイメージでは、目的地が不明瞭でどこに行けばいいのか身体が迷うだけです。目的地を具体的に明確にイメージすることで、身体は目的地に向けて迷いなくしっかりと動き出すことができます。イメージが曖昧だと身体の動きも曖昧になり、イメージが間違ったものだと身体は間違った方向へと動き出します。

こうしたイメージの大切さに気づいたのも、長期入院や体育を見学せざるを得なかったという「場」から弾き出された経験があったからだと思います。つまり、場外から場内を見つめる経験があったからこそ、外部から物事を見る目が養われ、場の喧騒に巻き込まれずに常に客観的に物事を見る習慣がついたのだと思います。わたしたちは、どんな環境からでも常に学び、発見することがあるのです。

裏山で学んだいのちのシステム

小学生になるとようやく外出することができるようになり、放課後になるとよく自宅の裏山に遊びに行っていました。わたしが生まれてから高校時代まで過ごしたのは熊本城の城下町周辺です。熊本城の周辺は、比較的都市化されており、田園が広がる田舎の風景とは異なりますが、それでも街の周りを金峰山（標高６６５ｍ）が取り囲み、手つかずの自然は豊富にありました。

金峰山は、江戸時代初期の武将で肥後熊本藩初代藩主の加藤清正が祀られていると言われる県内でも由緒正しい場所です。また、宮本武蔵が『五輪書』を書くために籠ったと言われる霊巌洞《れいがんどう》もあり、修験道がさかんだったとも言われています。わたしの実家は、その中腹の本妙寺という寺の参道の一角にありました。ですから、わたしにとって身近な自然といえば、神社仏閣を取り囲む山でした。子供心にも、金峰山という山に対し、他の場所とは異なるただならぬ妖気や雰囲気も感じていました。

わたしは長い間、自由に外出できなかったこともあり、外出できることが嬉しく、川や山などといった未知の場所へと向かう冒険に子供なりの世界の中で熱中していました。その中でもとくに夢中になったのが昆虫採集でした。当時のわたしはカブトムシやクワガタムシに心を惹かれましたが、多くの子供たちが昆虫の分類に関心を示している中、人間や動物とは異なる昆虫の造形や生態系といった、言わば昆虫の生き様や人生観のようなものにこそ興味を持つようになりました。例えば、蚊は自らの羽で飛び、動物の血液を吸って生命を維持するという驚くべきメカニズムを持っています。その一方で、ちょっとした衝撃で死んでしまうとても弱い生物でもあります。また、昆虫は光に反応して移動する「走光性」という習性を持っています。そのため、夜になると街灯などにたくさんの虫が集まってきますが、翌朝同じ場所に様子を見に行くと、たくさんの昆虫の死骸が落ちている光景をたびたび目の当たりにしました。この時わたしは何を目撃し、何を体験しているのだろうと、不思議に思いました。

膨大な昆虫が誕生して、死んでいく。社会では、「いのちは大事」とよく言いますが、人間とは違い、昆虫の生命がなおざりにされているようにわたしは感じていました。昆虫の中にも弱い昆虫や害虫と呼ばれるものがいて、そうでない昆虫との境界を隔てているものは何なのか。早朝にやむなく死んでしまった昆虫たちがいるにもかかわらず、病院で生死をさまよっていたわたしが外出できるまで体力を取り戻すことができた、そのいのちを司るシステムとはどんなものなのか。わたしにとって、自宅の裏山で昆虫採集に熱中した経験は、自然界に共通に働いているる「いのちの力」に関心を持つきっかけとなったのです。

金峰山・本妙寺の風景

バドミントン部という名の陸上部

小学生になると外出は自由にできるようになったものの、やはり継続的に運動するには困難が伴いました。小学校低学年の時には地元のサッカー少年団などにも入りましたが、勝ち負けを争うことも含めてサッカーの目的が分からなくなる瞬間が周期的に襲ってくることがあり、長続きはしませんでした。ふと何のために友人と競い合い、争い合っているのか、その意味や目的が分からなくなったのです。わたしはそうした不可思議な感覚にこそ忠実でありたいと思っていました。小学校を卒業し、自分は身体が弱いまま生きていくのだろうと覚悟していましたが、中学生になると仲のよい友達に誘われて、バドミントン部に入部することになりました。バドミントンが何をするのかすらよく分かりませんでしたが、とりあえずやってみることにしました。

実は入部後に分かったことですが、バドミントン部の顧問は元々野球をやってきた先生で、バドミントン自体を一度もやった経験がありませんでした。先生は野球部の顧問をやりたかったようで、バドミントン部の指導にも熱が入らないような状況でした。そんな環境だったので、部員は途方に暮れていましたが、ある日突然先生から「部活動の基本は体力だからとにかく走れ」と言われました。そこで、ランニング場所として指定されたのが、自宅の裏山である金峰山だったのです。後日知ったことですが、この指令は先生にとっても都合がよく、建前上は部を指導していることになっていたのです。

したがって、中学1年時の部活動は、金峰山を走って往復することばかりで、バドミントンの練習をした記憶はほとんどありません。金峰山には476段の石段があり、行って帰ってくるだけでもとても大変です。そのため、最初のうちはみんなハイキング気分で歩いていましたが、それにも次第に飽きてきて、少しずつ走るようになりました。

わたしは身体が弱かったこともあり、最初のうちは恐る恐る走っていましたが、立ち続けることよりも走ることのほうが重心を移動し続ければよいだけなので楽なのではないか、と自分なりに理解もしていました。すると、身体を工夫しながら動かすことによって走ることが苦しみではなく、喜びへと変化するようになりました。先生が監督しているわけでもないので、サボることもできましたが、わたしにとって金峰山の往復は、川や森、植物や虫などの自然との新しい出会いの場でもあり、駄菓子屋や商店街の人からも「頑張って」と声を掛けられたりすることに対しても喜びを感じていました。そして、何よりも学校という管理された場から解放されることが最高の喜びでした。学校のグラウンドを走るだけだったら、おそらく部活動はさっさと辞めていたでしょう。山に行って学校に戻って来る、その目的こそがわたしを強く惹きつけたのです。

中学2年生になると、1500m走の順位を競う機会がありました。すると、バドミントン部の部員が1位から5位を独占したのです。山の走り込みしかしていなかったので、自然と体力がつき、足が速くなっていました。実質的にわたしが所属していたのは、バドミントン部という名の陸上部だったのです。そして、メインフィールドは山でした。

金峰山・本妙寺の石段

何事にも無気力だった高校時代

中学の部活動で体力がついたおかげで、何事にも自信を持って取り組めるようになりました。また、小学生から始めた将棋は中学生時代には熊本市の大会で上位に入り、時には優勝するまでになりました。熊本日日新聞主催の将棋大会で優勝した時は、紙面上に対戦の棋譜が連載されたことがうれしかったのを覚えています。頭と身体の関係性に対する自分なりの見解に自信がついてきたおかげで、イメージだけで純粋に物事を追究していく領域についても力を発揮できるようになったのだと思います。わたしにとって、将棋の世界は世知辛い世間の常識や倫理から離れることができる自由の境地でした。

中学校の勉強自体にはあまり意味や目的を見出せませんでしたが、父親の母校でもある地元にある県立の熊本高校の話を聞くたびに、なんだか面白そうな高校だと思うようになりました。熊本県全体から各地の中学校の成績優秀者が集まると聞いた時、鳥山明の漫画『ドラゴンボール』の天下一武道会のようで楽しそうだと思ったのです。熊本高校に入学したいという目標も生まれ、勉強に取り組み無事合格することができました。

こうしたきっかけが生まれたのも、ただの思いつきとしか思えない脈絡のないわたしの行動すべてを無条件に受け止めて、応援してくれた両親のおかげだと思っています。

しかし、高校には入学したものの、何のために勉強するのか、目的が分からなくなってしまいました。なぜかというと、他の同級生の動きが機械のように見えてしまったのです。彼らは何の疑いもなく、学校の言われた通りに課題をこなし、あたかも流れるプールに流されているようでした。入学と同時にadidasのスパイクの格好良さに魅かれて入部したサッカー部も土日祝日がすべて練習試合で拘束されることが分かりました。自由を奪われるほどの魅力を感じなかったわたしはすぐに退部してしまいました。

将棋についても、授業の時間に頭の中で将棋盤をイメージしながら指すぐらいに熱中していましたが、練習を重ねた結果、県内に互角に渡り合えるライバルがいなくなってしまいました。高校生にライバルがいなくなったので、地元の将棋会館に足を運んでみましたが、最初は全く勝てなかった大人にも負けなくなってしまったのです。そうした中で、対等に将棋を指せる相手がいなくなり、その結果として自分のエネルギーを全力でぶつける対象を失い、ぽっかり穴が開いたような状態になってしまいました。

こうしてエネルギーを投入する対象を失ったわたしは、何事にも無気力になりました。

この時、幼い頃に入院や体育の授業にも出られなかった経験によって場の外で客観的に物事を見つめていたことを思い出しました。そこで、学校という場を一度離れてみることにしたのです。まず学校へ行くと朝の出欠を取ります。それに返事をした後、頃合いを見計らって授業を抜け出し、レコード屋に行ったり、古本屋で時間を過ごしたりしていました。当時は家にも学校にもいたくなかったので、まるでリストラされたことを家族に黙っているサラリーマンのような日々を過ごしていました。

しかし、レコード屋や古本屋の店主は、明らかに授業をサボっている様子のわたしを咎《とが》めようともしませんでした。レコードを試聴しても本を立ち読みしても文句を言うどころか、レコード屋の店主は好きな音楽をかけ続けて悦に入り、古本屋の店主は好きな本を読み続けていたのです。ほどよい距離感で干渉もされないので、わたしにとって最高に居心地のよい空間でした。そして、店主たちは音楽や本によって到達できる深い場所を、水先案内人のように教えてくれたのです。こうしてわたしは自分にとっての楽園を発見するとともに、これらの場所を第2、第3の学校と位置づけました。

レコード屋の店主には、ビートルズ、サイモン&ガーファンクル、カーペンターズというわたしがいまだに聴き続けている音楽のイロハを教わり、店主が集めたあらゆるレコードを全身で浴びるように聴きました。ロック、パンク、ファンク、電子音楽、テクノ、ソウル、ゴスペル、クラシック、現代音楽、ノイズ、アヴァンギャルド……、わたしはよいか悪いかの判断はせず、とにかくこの地球上に存在するあらゆる音楽を全身に通過させるようにしていました。時々何かしゃべりたくなり、古本屋の店主におすすめを聞いてみると難解な岩波文庫や哲学書、宗教書などを手渡されました。当時のわたしは訳も分からず読んで分かったふりをしていましたが、そうした背伸びした行為は、いまだに不思議と克明に覚えています。そして、今になってみればその難解な書物に書かれていたことの意味の本質が分かります。その場で分からないことも、数十年の時をかけて体内に染み込んでくることがあるのです。

当時のわたしにとって学校よりもこうしたことを学べるレコード店や古本屋のほうがはるかに教育的でした。彼らは授業料をとらない人生の教師であり、わたしも同じような存在になりたいとすら思いました。好きなことを追求する姿勢や、好きなものに包まれ、居心地のよさを提供する空間づくり、そして、無用な干渉はせずに誰かの人生に何気なく影響を与える存在の在り方を、わたしは勝手に学びとったのです。

東京旅行で設定された目的地

高校2年生のある日、無気力なわたしを見かねた母親が東京旅行へと連れて行ってくれました。将棋を辞めたり、学校をサボったりと、何をしたいのか煮え切らない高校時代を送っていたわたしに対し、エネルギーを注げるものを見つけてほしい、と両親は思っていたのかもしれません。この旅行では、原宿や裏原宿へ行き、雑誌で見ていた憧れの洋服屋を多数訪れて、とても楽しい時間を過ごすことができました。

旅行中の話の流れで、わたしが小林よしのりの漫画『東大一直線』『東大快進撃』を愛読していたこともあり、実際の東京大学や、安田講堂を見に行くことになりました。『東大快進撃』の最後のシーンで安田講堂が崩壊するのですが、その実物を見てみたかったのです。赤門をくぐり、校内を一通り見学すると、なぜか不思議と懐かしい感覚が身体の中に溢れて熱を帯びてくるのが分かりました。その後、東大病院の地下の食堂で母と昼食を食べていると、突然「将来ここにいる」イメージが湧いてきました。そのイメージは、大人になったわたしが東大病院で白衣を着て働いている風景だったのです。

それまでは無気力な高校生活を送っていましたが、この時初めて進むべき方向が定まりました。自動車のカーナビゲーションを想像してください。カーナビゲーションは、目的地を設定しないで車を運転すると地図自体が動くだけで用を成しません。しかし、目的地を設定すれば、現在地からのルートが表示され、道順が示されます。つまり、当時のわたしは、まさに目的地をどこに設定すればよいのか分からず、車を走らせている状態でした。車を運転する時に、「目的地もなく走ってください」と言われることほど難しいことはないでしょう。なぜなら、走るべき道は無限にあるからです。

　確かに、東大医学部への入学は険しい道であるのは間違いありません。加えて、当時のわたしは、受験勉強はおろか学校の授業さえもきちんと受けていない状態でした。しかし、わたしの中では行くべき道が見えただけでも気が楽になりました。目標を決めたら、後は準備をするだけです。この時、進むべき仮の目標が見えたことで、ほっとしたことを覚えています。

将棋の手法を医学部受験に応用する

受験勉強を始め、力試しに受けてみた模試は東大合格には程遠くE判定ばかりでした。そこで、現役合格することは諦め、次年度の試験に備えることにしました。しかし、勉強している内容自体は取り立てて面白いものとは思えず、試験問題を解くことの意味自体も全く分かりませんでした。とはいえ、合格するためには相応の勉強量の確保が必要です。わたしは読書が好きだったこともあり、学校で配られる教科書を一つの物語のようにして読むことにしました。物語の登場人物となり、その世界で存分に遊んで楽しむのです。とはいえ、教科書を物語のように読むだけで終わればいいのですが、実際には試験問題という関門があります。そこで、その関門をどう突破していくのかを考えてみたところ、試験問題には必ず作成者が存在しており、意図があることに気づきました。

そこで、将棋の対局の手法を応用することにしました。つまり、模範解答を読みながら、問題作成者の意図を読み取るように心掛けたのです。将棋も試験も相手の行動の先を読むという点で共通しています。わたしの中では、試験に対し、問題作成者と将棋を指しているようなイメージを持っていました。こうしてわたしは、相手との将棋の対局に対等に取り組むようにして、受験勉強に取り組んでいくことを決めたのです。すると、互角に渡り合える将棋の対局相手を見つけたような気持ちになりました。どちらがどこまで相手の行動の先を深く読めるか？　顔も知らない問題作成者と真剣勝負の将棋の対局を続けるようにして試験問題に対峙していました。そうしたことを続けているうちに、試験問題の奥深くにある意図の本質が分かるようになってきたのです。

こうして試行錯誤をしながら、1年間の浪人を経て、晴れて東京大学理科Ⅲ類に入学することができました。将棋の経験がなければ、受験勉強に挫折していたと思います。なぜなら、受験勉強の中で将棋に熱中していた時のような喜びを感じることができなかっただろうからです。まさに将棋はわたしを育ててくれた存在だと思います。

このように、将棋に傾けたエネルギーを受験勉強に転換できれば試験を突破できるのではないか、と思ったことがきっかけで、異なる領域の方法論を組み合わせて応用するという手法を編み出しました。後年、医療者となったわたしは、芸術と医療をつなげたいという想いから、病院という場にアートの手法を応用する試みを行っています。

大学で始めた学部の垣根を越えた勉強会

わたしは東大に入学したものの、学生生活には全く満足できませんでした。わたしが理想の中で求めていた自由な学問の場と現実の講義は全く異なっていたからです。医学部の講義では、先生が黒板の前に立ち、100人近い学生たちがただ椅子に座って黙って黒板を見ていましたが、わたしには、講義する先生たちが学生とコミュニケーションをとる気すらなく、自分の閉じられた世界の中で講義をしているように感じられました。

また、大学の構内にはさまざまな学部や施設があるにもかかわらず、各々の活動はバラバラで閉鎖的な印象も受けました。近くにあるのに全く関係がないのはなぜなのか、ということなどについても、常に疑問を持っていました。しかし、実際に同級生と話してみても、わたしのような違和感を持っている人や、大学に対し悩みや葛藤を抱えている人は少なかったのです。このような閉じられた世界の中に入っていける人はよいのでしょうが、わたしのように違和感を持っている学生は、場外に締め出されているような感覚を持っていたと思います。

そこで、「もしかしたら、医学部の講義が面白くないだけなのかもしれない」と思ったわたしは、構内のさまざまな講義に潜《もぐ》ってみることにしました。その中でわたしが興味を持ったのが哲学や宗教、倫理学の講義でした。これらの講義には哲学の歴史や仏教やインド哲学などの話題が登場し、今まで聞いたことのないような話をたくさん聞くことができました。プラトンやヘーゲル、ホワイトヘッドやヴィトゲンシュタイン、老子や荘子、ブッダや龍樹、親鸞《しんらん》や道元、西田幾多郎《にしだきたろう》や井筒俊彦……、こうしたあらゆる賢者の言葉と思索の深さには、医学部の講義に落胆していたわたしの目をはっきりと見開かせてくれる力がありました。

また、当時のわたしの中では、東洋的な思考法と西洋的な思考法が分離していましたが、仏教の講義を聞きながら、現代に生きるわたしたちがこの二つの高峰に橋を架ける必要があるのではないかと、悶々と考えるようになりました。こうした思索は、医学部の授業が西洋医学、先端医学一辺倒だったため、医術とも言える古代の世界に敬意を持ちながらもっと学びを深めていきたい、というわたしの中での想いにも通じていたのです。

こうして大学内にも面白い講義をする先生方がいることが分かったわたしは、学部の垣根を越えて先生方を居酒屋に招き、時には朝まで学生たちが対話し、議論する勉強会（UTIF《ユティフ》：The University of Tokyo Inter Faculty）をつくりました。まずは、医学部で授業に不満を感じていた同級生3、4人に声を掛け、学部を超えて価値観を共有できそうな学生をスカウトし、最終的には40人ほどの流動的なメンバーたちが対話を続ける場をつくりました。この勉強会を通して、東大の先生以外にもパキスタンやアフガニスタンなどの紛争地域で医療活動をしていた医師の中村哲先生や水俣病研究で高名な原田正純先生など、多方面の先生方から直接学ぶ機会を得ることができました。

大学卒業以降もこの勉強会は「古典輪読会」（Corin会）という名称に変え、継続しています。これは、古典の名作を課題図書として決め、3ヵ月に1回ほど、メンバーが感想を語り合うというシンプルな場です。昔話をするだけの飲み会でつながるのは面白くないと思ったことがきっかけで始まりました。課題図書を読んでくることができなかった人の参加も歓迎しており、その古典のイメージを自由に話す、という方式もとっています。この会は2008年度から31回開催してきましたが、現在はコロナ禍とわたしの軽井沢への移住のため活動は休止中です。今後も何らかの形で「古典」を場の中心にして人が集う場を設けたいと思っています。

やり場のない不満を抱えていた大学時代

この大学時代の勉強会のメンバーの中でもっとも将来の不安や悩みについて語り合ったのが医学部の同級生だったT君です。T君はお寺の僧侶の息子で、名門高校出身のエリートでしたが、仏教やインド哲学、宗教の本質にも精通しており、医学部の勉強と自分の進むべき方向性についての葛藤に苦しんでいました。また彼は、社会や貧困問題への関心が高く、とても精力的な学生生活を送っていました。彼に出会うまでのわたしは、岡本太郎や横尾忠則、ピカソやダリ、セザンヌやマグリットなどのアートの世界を追究し、マイルス・デイヴィスやビートルズなどのレコードで集めた音楽や、安部公房や村上春樹の小説などに熱中していましたが、社会に対する意識は希薄でした。したがって、彼はわたしの関心の幅を広げてくれた友人の一人だと言えます。

一方で、わたしが勉強会をつくったのは、自分の中にある不満を解消しようと思ったことだけが理由ではありません。前述のアーティストのような尊敬できる師との出会いを求めていたのです。しかし、東大に求めていた期待値が高かったせいなのか、わたしが求める師に近い人物を見つけることはついにできませんでした。勉強会の活動を通じて、知的欲求は満たされていきましたが、わたしの中での根本的な不満の解決はなされていなかったのです。今となってはこうして言語化できますが、当時は何に不満を感じているのかもよく分かりませんでした。

何に不満を感じているのか分からない。そういった時に人間はイライラしてきます。つまり、心のどこに何を収めればよいのか分からず、心が不安定になってくるのです。学生時代に多くの方がこうした状態になった経験をお持ちかと思いますが、わたしもご多分に漏れずその一人でした。不満をどこにぶつければいいのか、そもそもの不満の正体が何なのかもよく分からなかったのです。

そんな不満を感じる日々を送っていたある日、T君が東大医学部の学生が中心となる鉄門山岳部に入部し、登山に目覚めました。T君からは「稲葉君のような複雑で訳の分からない人は、きっと山にはまるよ」と、にやつきながら予言されました。中学時代は、バドミントン部の活動の一環で金峰山の頂上まで毎日往復していましたが、本格的な登山はしたことがないことを伝えると、T君に「冬山で遭難した時の技術を学ぶために雪上訓練に行くんだ。雪遊びみたいで面白いはずだから来ない？」と誘われました。さらに、Ｔ君から東大が運営する涸沢診療所という場所で山岳医療に携われることも聞かされ、面白そうだな、と思ったわたしは山岳部の見学も兼ねて谷川岳（標高１９７８ｍ）の雪上訓練に行ってみることにしました。

最高の師匠である山との出会い

雪上訓練とは、言わばレスキューの練習です。例えば、雪山で雪崩が起きた時にどうやって危険を回避するのか、アイゼンというスパイクを使ってどうやって雪山を歩くのかなどといった練習をします。わたしの故郷の熊本では、雪は年1回程度しか降らず、降った時も大騒ぎになるような土地柄です。わたしは、雪の塊を見たい、雪で遊びたい、といった単純な気持ちで残雪の残る谷川岳に行きました。

すると、まず谷川岳の圧倒的なスケールに驚かされました。そして、自然界が開示する緻密に調和の取れた世界がそこにあったのです。わたしは頭で理解することはできませんでしたが、身体が喜び、躍動するのを感じました。その喜びから思わず雪の上で飛び跳ね、その反動で転げ落ちたことがきっかけで山の魅力に取り憑かれていったのです。

T君に誘われてなんとなく参加した谷川岳の雪上訓練でしたが、わたしは登山によって人生で初めて五感を総動員して自分の有り余るエネルギーのすべてを投入できた感覚を実感できました。そもそも、山や自然は中立な存在であり、どんな人にも平等に厳しく、優しい存在です。そうした存在に対し、人間の不満が湧き立つことはありません。不満という感情は、あくまでも人間関係の中で、自分が期待していることが行われていない時や、自分の想定や見立てと異なったことが起きている時に生じる感情だということにも気づきました。

一方で、山や自然は、すべてを受け止めてくれる存在でもあります。とくに言語を介さずともすべてを受け止めてくれる山は、わたしが追い求めていた母性原理が働いている場所ではないか、ということにも気づきました。わたしの場合、母親の母性だけでは満たされず、無制約に受容する母性原理のような巨大な器を求めていたのです。登山を通して得たこの気づきによってわたしは救われた、という感覚に近いものを覚えました。

人間はいろいろな不満やイライラを抱えた結果として、自分の中で問題を処理できなくなってしまうことがあるかと思います。そうした行き場を失った感情のエネルギーは、登山によって自分の内部に流れ込みながら未知の力と結びつき、別の次元へと昇華され解消されていくことも分かりました。登山を終えると、以前あった負の感情は姿が見えなくなっているものの、そのエネルギーが形を変えて別の階層へと移動し、自分を支えるエネルギーへと変化している感触があったのです。また、山は登山者のレベルに応じて、あらゆるステージを用意してくれます。自分が誰かに合わせる必要はありません。すべては自分のステージに応じて、山や自然が適切な状況をアレンジしてくれるのです。自分が弱い時には弱い時なりの状況を、自分が強い時には強い時なりの状況を。

わたしは自分が誰かに合わせる必要がないそうした環境や状況を、常に求めていたことにも気づきました。もちろん、誰かと登山に行く時はパーティー（チーム）としての協力が必要です。そうした際には「登山のパーティーは体力がない人に合わせる」という前提がありますが、弱さを中心に据えるチームづくりもわたしの考えに合っていました。子供時代は、体育やスポーツで勝ち負けを競うことに違和感があったとお話ししましたが、人間同士の競い合いではなく、山という誰にでも対等な存在を前にしてそれぞれが挑戦する、という関係性こそを求めていたことにも気づくことができたのです。

そうした子供時代のさまざまな違和感が登山によって解消されていくプロセスは、わたしが抱えていた謎の答え合わせをしているようでした。山はわたしを救ってくれた存在であるとともに、わたしが抱えている違和感の正体を明らかにしてくれたとてもありがたい師匠のような存在だったのです。わたしは、やっと師と出会いました。

第2章

山岳部と山岳診療所

全身が歓喜した初めての登山

大学1年生の5月に行った谷川岳の雪上訓練によって山に魅了されたわたしは、早速鉄門山岳部に入部することになりました。すると、先輩から登山具を購入するように言われました。この時、先輩からもらった「雨具と登山靴、化学繊維の下着さえしっかりしていればなんとかなる」というアドバイスは、今でも登山の初心者を指導する際に使い回しています。

そこで、T君に付き添ってもらい、水道橋のさかいやスポーツに行き、THE《ザ》 NORTH FACE《ノース・フェイス》の雨具、SCARPA《スカルパ》の登山靴、MILLET《ミレー》のザック、mont-bell《モンベル》のヘッドライトと下着を買いに行きました。初めて見る登山ブランドの数々を眺めるのも楽しかったですが、最終的には学生が買える値段のもので決めることになりました。GREGORY《グレゴリー》のザックやARC'TERYX《アークテリクス》の登山服は格好よくとも値段が高くて買えなかったことを昨日のことのように覚えています。登山具は装備することによって、ロールプレイングゲームのように自分がパワーアップした気になれます。そして、実際に使用すればするほど、その耐久性の強さを実感し、愛情が深まってくるものです。

登山初心者の方は、恥ずかしがらずに店員さんに登山具の選び方を聞いてみてください。何でも答えてくれるはずです。ただ、最終的には値段と好みのバランスで決まると思います。この時に購入した登山具は、20年以上買い替えることなく愛用していましたが、2020年に軽井沢に引っ越した際に、環境の変化からかカビの巣窟と化してしまいました。逆に言うと、カビさえ生えなければいまだに使っていたはずなので、最初によい登山具を選べば、長い間使えるのが登山具のすごいところです（これは登山ブランドの努力としか言いようがありません。安かろう悪かろうが跋扈《ばっこ》する時代の中で、登山ブランドには常にエールを送りたいです）。

こうして登山具を買い揃え、入部早々に山梨県の鳳凰三山へ行くことになりました。鳳凰三山は、南アルプス市・韮崎市・北杜《ほくと》市に跨る日本百名山の一つで、地蔵ヶ岳（標高2764m）、観音ヶ岳（標高2840m）、薬師ヶ岳（標高2780m）の三山の総称です。この山は、登山初心者でも行程に余裕を持てば、無理なく頂上を目指すことができ、山頂まで登った後も下山せずにそのまま次の山に登る縦走登山にも適しています。縦走路には白い石灰岩が立ち並び、その風景はとても美しいものです。さらに、地蔵ヶ

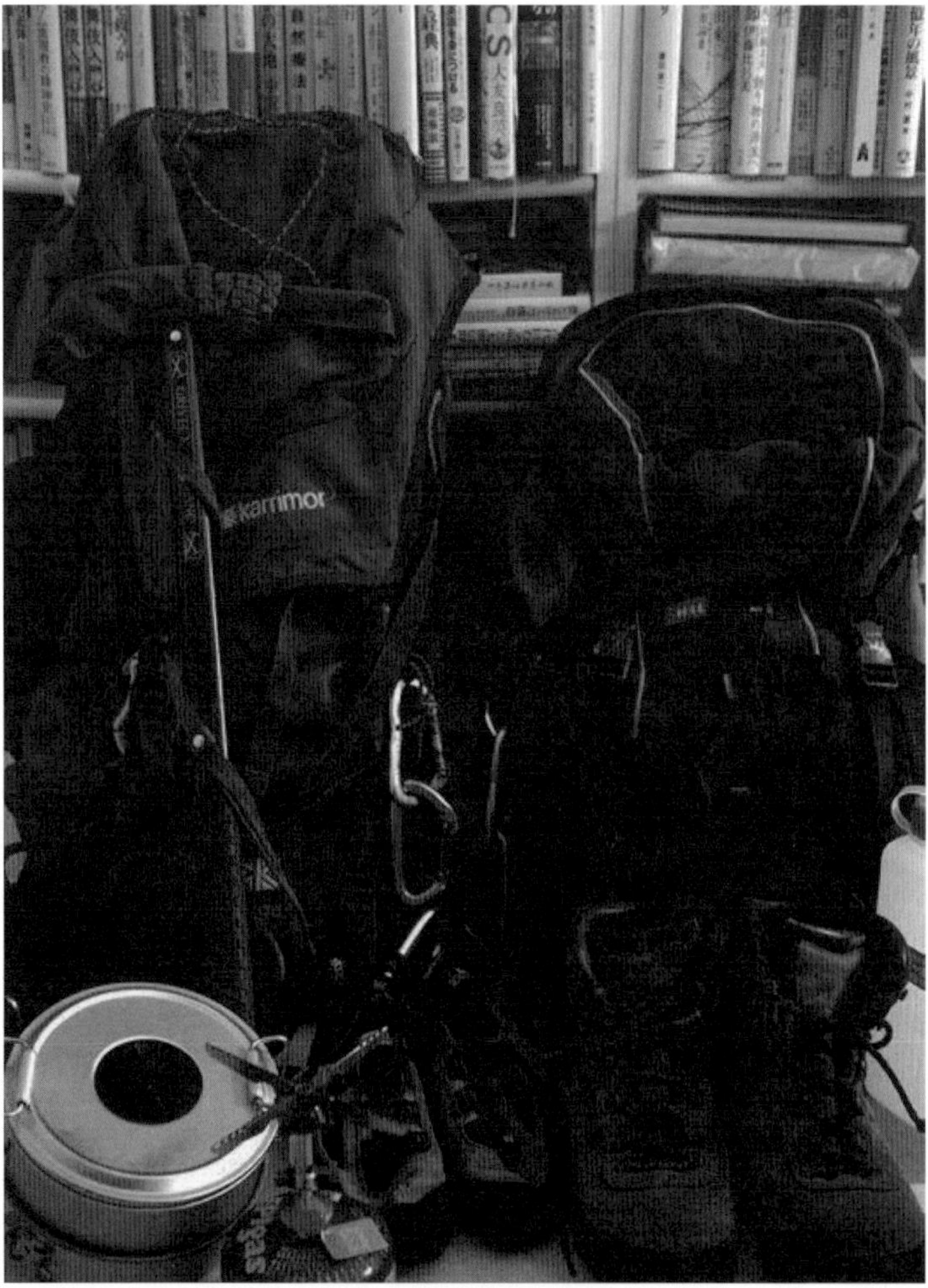

学生時代から使っていた登山具（撮影：馬場わかな）

岳の頂上には花崗岩の巨石が積み重なった「オベリスク」と呼ばれる自然がつくり出した美しい塔がそびえ、神聖な気持ちにさえなります。

この鳳凰三山が初めての本格的な登山でしたが、わたしは自分の中に潜む未知の力が解放されるのを感じました。つまり、受験生活や都会生活に慣れるために、わたしの身体は不自然な方向へと過剰な適応を要求されていましたが、危険と美しさが同居する自然界の中では、好きなことをいのちがけで行う行為を通して、あらゆる未知の力が目覚め始めるのを実感できたのです。

それは「野生の力」とでも呼ぶべきものでしょうか。歩く、走る、這いつくばる、よじ登るなどの行為で両手両足を駆使しながら、数十億年の歴史がつくり上げた複雑な曲線が織りなす石と土と砂や植物で構成された地球の肌の上を駆け巡る。こうした行為を無心に繰り返すことは、わたしがこれまでの暮らしで使っていなかった身体の引き出しを開け続けることにもつながっていきました。時には、自分の身体が思うように動かないことに辟易しながら、ある時には自分の身体をこんなにも動かすことができることに驚きながら……。また、登山によって全身の筋肉が疲労する感覚は、まさにわたしにとってこれまで使っていなかった微小な筋線維の細胞が長い眠りから覚めたようなものだ

鳳凰山地蔵ヶ岳のオベリスク

ったとも言えます。

そして、山を歩くと目の前に道があります。その道は誰かが歩いたことで少しずつできた道です。もともとはけもの道だったかもしれませんが、そこを人が踏み固めることで道となり、山を愛する人が整備して登山道ができました。その道を一心不乱に歩き続けていくと、谷へ向かい、山頂へ到達します。仮の目標がないと歩きにくいため、地蔵ヶ岳、観音ヶ岳、薬師ヶ岳の山頂を目標として、山頂をつなぎながら歩き続けましたが、起伏に富んだ予想できない道を歩き続ける行為自体に、全身が歓喜するのを感じました。この時わたしは、人間の身体は実際には使ったことがない内に秘めた機能を使うことに対し、喜びを感じるのではないか、と思ったことを覚えています。

安全な場が用意されたアウトドアといのちがけの登山

この時から本格的に登山にのめり込むようになったわたしは、毎週末関東近郊の山に登るようになりました。当時の1週間のスケジュールは、週3日放課後の登山トレーニングと週1回の家庭教師のアルバイト、そして、金曜日の放課後には深夜11時頃発の夜行列車か夜行バスに乗って、登山口の最寄り駅に向かうというものでした。

ちなみに、夜中に駅に到着した時には、駅の構内で寝ることもありました。この時の野宿は、社会の構造の外から人間がつくり出した人工社会を客観的に見る貴重な体験でした。これをわたしは「地べたの視点」と呼んでいます。どんな人でもちょっとしたことで社会からはじき出される可能性がありますが、「そういった状況に遭遇しても誰もが自分らしく生きる権利を行使できる社会を目指すべきだろう」と感じながら、野宿していたことを昨日のことのように鮮明に思い出します。

早朝4時頃に目的の駅に着いた時も、少し仮眠をしてから登山口に向かう始発のバスに乗ります。この時に横になる時間は、たとえ数分であっても眠りを大切にしているわたしにとって貴重でした。そして、登山口に着いた後は思う存分登山を楽しみ、自分の中に眠っている野生の力を解放します。登山が終わると、東京に帰って来て、山とは異なる人為的な直線で構成された都市生活に適応することになります。月曜日になると大学に行き、医学の講義を受けますが、頭の中では次の登山の場所や行程の妄想を楽しんでいます。わたしの中ですべては未知の世界であり、妄想とイメージは無限に拡張し続けていきます。平日のうちに頭の中でイメージした登山ルートを地図と比較検証しながら山行計画を立て、山岳部のメーリングリストで共有します。そして、部員やOBにフィードバックをもらい、週末を迎えると完全に登山モードに頭を切り替えます。こうした生活を大学のほぼ6年間続けていました。アルバイトの給料もすべて交通費に費やし、登山一色の生活をしていたのです。まさに山に取り憑かれた、と言えるでしょう。

そうやって登山をしていく中で、一際目を引いたのがクライミングをやっている登山者たちでした。当時のわたしがやっていた学生登山とは明らかに覚悟や様子が違い、歩き方から佇まいから、全身に力がみなぎっていました。さらに、今まで見たことのないようなクライミング用の登山具の金属がジャラジャラと音を鳴らしてザックにぶらさがっており、そうしたスタイルもとても格好よく見えました。

武術研究者の甲野善紀さんは、著書『「古の武術」に学ぶ』（PHP研究所）の中で「物事の上達には『命がけ』であることと『強い動機づけ』が両立していなくてはいけない」とおっしゃっていました。例えば、剣道をその枠内でやっているだけでは、剣術と言われるような剣さばきはうまくなりません。戦国時代には、手や首が切り落とされ、一瞬にしていのちを落とすというまさに「いのちがけ」の中で、剣術を学ぶ必要に迫られていました。こうしたいのちがけの環境に、さらに修行や鍛錬自体に楽しさを感じられる要素が合わさった時に、人は適切に上達していくと、甲野さんは指摘されていました。

当時のわたしはアウトドア活動にあまり興味が湧きませんでしたが、この本を読んでその理由がいのちがけの要素が欠けているからだと気づきました。ちなみに、アウトドアは安全な空間を誰かが提供してくれており、道具も車で運べる場合があります。あくまでも非日常の野外生活を楽しむことが目的です。キャンプ場で準備されるテント場も安全な場所に建てられており、雨でテントが流されることもありません。

しかし、当時のわたしは、野生の感覚を蘇らせながら安全か危険かを自分の力や嗅覚、時には第六感で察知して判断することに興味がありました。また、自然界のどんな過酷な状況でも逞しく生きていけるようトレーニングをしたいとも思っていました。したがって、登山と比べてアウトドアは、安全で快適な空間が準備され過ぎているように感じ、物足りなかったのです。こうした見解は当時の個人的な関心に基づくものだろうと思います。40歳を過ぎた現在のわたしは、アウトドアにも興味を持ち始めています。

そうしたことを考えているうちに、より難易度の高いことに挑戦したくなり、平地を歩くトレッキングよりも危険を伴う垂直の壁を登る岩山のクライミングのほうに心が躍動するのを感じるようになりました。最初のうちは登山の経験値を上げるために中央アルプス、南アルプス、そして北アルプスの山々を縦走しました。その後、慣れ親しんだ山の中でクライミングルートを見つけては岩登りをすることにも挑戦しました。

そのうちにやがて気に入った山を何回も登るようになりました。例えば、前穂高岳（標高3090m）は、通常ルートで登るのと、北尾根などのクライミングルートで登るのでは風景も登った感覚も全く異なります。山は登山者の登り方によって表情を変え、多様な世界を見せてくれます。一方で、しっかりと準備をしなければ、ちょっとした注意不足で生命の危機につながってしまうことが登山を甘く見てはいけない点です。山はそれぞれの状況に応じて、自身が挑戦したいと思うことを受け入れてくれる母性的な側面とそれでいて甘い挑戦は跳ね返す父性的な側面とを併せ持っているのです。

鉄門山岳部のトレーニング

鉄門山岳部では、月曜日から木曜日が自由参加のトレーニング日になっていましたが、わたしがとくに力を入れていたのが、フリークライミングの練習です。東大の御殿下《ごてんした》記念館という体育館の壁には、大学内の各山岳部のOBの寄付を集めてつくったクライミングウォールがありました。現在では、至る所にクライミングウォールがありますが、当時は東京でも錦糸町や国分寺などにしかありませんでした。フリークライミングは、実際の岩場で練習できない時期に室内の壁にホールドと言われる突起物を取り付け、それを岩場に見立ててトレーニングするところから始まっています。現在ではスポーツクライミングとして確立し、2020年の東京オリンピックでは追加種目となりました。この場所ができた当初は平山ユージさんが登られていたり、クライミングのルート設定を小山田大《こやまだだい》さんがされていたりと、トップクライマーも関わっている由緒正しい場でした。

そうした環境が偶然に整っていたことは登山、とくにクライミングに熱中していたわたしにとってとても幸運なことでした。平日の授業が終われば毎日クライミングウォールに通い、全身の筋肉を使うことが快感にもなっていました。身体がこれまで眠っていた能力を呼びさまして使ってくれているのを喜んでいるかのように……。クライミングのし過ぎで手指の筋肉が動かなくなるので、通学で使っていた自転車のブレーキをかけるギリギリの余力を残すことが、わたしのクライミング終了の基準でした。

ちなみに、冬山を登るためにはアイゼンというスパイク状の道具を登山靴に装着して岩場を歩かなくてはいけません。東大農学部の横には団子坂という急坂があり、そこにはブロック塀が高くそびえているので、アイゼンをつけながら岩山を登る練習をしていました。定期的に練習していたので、お巡りさんに見つかって「危ないからやめなさい」と注意されたことも何度かあります。たぶん、お巡りさんはわたしたちが何をしようとしているかはよく分からなかったと思います。それ以外にも時間がある時はクライミングジムに通い、登山技術が高い人の動きを真似することで学んでいました。

また、山のことで分からないことがある時には、山岳部の先輩やOBの先生方に聞けば答えが返ってきました。OBの先生の中には海外登山をしていた方もいたので、トラブルが起きた時の対処法などの経験談はとても参考になりました。実際に岩場に行ってロープの結び方やハーネスを使った登山方法などを指導してもらったこともあります。

鉄門山岳部のルール

鉄門山岳部は、先輩や後輩とパーティーを組んで登山をすることもありますが、基本的には友人同士で声を掛け合い、メーリングリスト上で参加者を募って、行きたい人が行くというスタイルでした。各々が登りたい山を自由に登るだけで、この登山には必ず来なくてはいけない、というようなルールもありませんでした。好きな人が好きなように、というスタイルもわたしが鉄門山岳部を気に入った理由の一つです。そうした自由な雰囲気の中でも、OBや先輩から教えられた基本的な山独特のルールだけは厳格に守っていました。

登山の際にもっとも大切になるのが山行計画を立てることです。登山者の中には山行計画を見れば登山に対しての向き合い方が分かるという人もいます。当時は今のようにスマートフォンもない時代です。自分でつくった山行計画書だけが頼りでした。言わばオリジナルの旅のしおりのようなものです。最初に行った鳳凰三山の山行では、まず山行計画書をしっかり書くこと、その山行計画書を山岳部内で共有し、登山口で提出することを教えられました。

山行計画書は、登山者の氏名と非常時の連絡先、バス会社やタクシー会社の電話番号、電車の時刻表、さらに、登山で行くポイントやテント場などの情報を調べ上げてまとめたものです。こうした準備をすることで、あらゆる事態を想定する癖がつきます。万が一遭難した場合にも、どのルートで登り、どの辺りで事故に遭ったかが推定できるので、救助者側にとっても重要なツールなのです。

また、どんな登山でも必ず夏は16時、秋以降は15時に行動を停止するように山行計画をつくっていました。最近は、遅い時間になっても登山を続けている人を見かけますが、それはよほどのエキスパートが行う特殊な登山です。山小屋で周辺の登山道を守っている方々も、日が沈んでもヘッドランプをつけて山道を歩いている登山者をよくは思っていません。山では日が暮れ出すと真っ暗になるのが早いので、視界が不明瞭になり道に迷いやすく、足を踏み外しやすくなります。遭難や滑落の危険性が格段に上がるので、自分の身を守るためにも行動停止の時間を厳守していました。

さらに部内では、各自がつくった山行計画書をOBや部員が必ず確認し、フィードバックをしていました。フィードバックの内容は、山行計画のダメ出しをされるわけでは

鉄門山岳部０３年度第１回山行計画書　　　　　　　　　　　０３年１月１６日作成

団体名：鉄門山岳部 有志（＋OB）　　目的：2003 年初の冬山体験
山域　：木曽駒ヶ岳（標高２９５６m）　　日程：０３年1月１８日（土）−1月１９日（日）
集合　：JR 新宿駅・南口改札　１月１８日（土）朝６：３０

――*行動計画*――

１日目///JR 新宿駅「スーパーあずさ８号」 —7:30–10:06→ 岡谷 —10:24–11:33→ 駒ヶ根 —12:00–12:51→ しらび平 —12:51–13:30(ロープウェイ)→ 千畳敷（ロープウェイ終点） —13:30–15:30→ 宝剣山荘（幕営）　≪歩行時間約２時間≫

２日目///宝剣山荘 —7:30–8:20→ 木曽駒ヶ岳 —8:20–9:00→ 宝剣山荘（テント撤収） —9:30–10:20→ 千畳敷 —10:30–11:00(ロープウェイ)→ しらび平（ロープウェイ終点） —11:10–11:54→ 駒ヶ根「JR 飯田線」 —12:44–13:56→ 岡谷「スーパーあずさ８号」 —14:11–16:36→ 新宿駅　≪歩行時間約２時間５０分≫

――*参加者*――

氏名	連絡先	役職	血液型	担当
M3 稲葉俊郎		CL	型	装備・天候
M3		SL	型	食料・会計
OB 先生		監督		医療

――*緊急連絡先*――

緊急時連絡先　：
鉄門山岳部副部長：
鉄門山岳部長　：

――*(緊急連絡先への)帰還報告期限*――

1 月 20 日(月)13:00 までに M3 稲葉が連絡するものとする。

――*食糧計画*――　*（全て４人分、土の朝食、土日の昼食は各自行動食、３日分の食料）*

	メニュー	食材	荷物担当	料理担当	確認
1/18（土）夕食	カレー	米＋レトルト、小物	稲葉	稲葉	
1/19（日）朝食	もち雑炊	米＋雑炊のもと、もち			
予備	上記のものをあと一日分				

――*備考*――

＊ 防寒については既にご説明してありますが、化学繊維の長袖下着上下に加え、下は厚手のズボン＋雨具（またはスキーウェア）、上は厚手のシャツ＋セーター＋フリース＋雨具でよいと思います。ただし、綿は厳禁です。二重手袋、毛糸帽、ロングスパッツ、サングラスは必須のアイテムです。

個人装備リスト（冬山用）

品名	備考	確認
登山靴（80l 以上）	プラスチックブーツがいいが、防水処置を十分に施した夏用皮登山靴でも OK（但しアイゼンのつくもの）	
ザック・サブザック		

鉄門山岳部時代の山行計画書

なく、近隣の宿や温泉など、おすすめの場所に関する情報が多かったです。その山を登った人がいる場合は、危険箇所のアドバイスなどももらえるので、さらに気が引き締まりました。このように鉄門山岳部では、知恵や知識を共有することによって、部員個人の経験を山岳部共有の知恵に落とし込むように心掛けていました。

また、最初の山行では、登山中は登る人が優先で降りる人は基本的に待つこと、滑落の恐れがあるので待つ時は必ず山側（反対の谷側でなく）で待つことも知りました。すれ違いざまに不用意に振り返ると、背中に背負っているザックが人にぶつかり、滑落するケースがあることや、背中のザックまでが身体の一部であることを意識するように、と教わりました。

一方、登山で必須になるのが天気図の知識です。こうした知識も必ず身につけておくように先輩やOBたちから教わります。また、山は天候が変わりやすく、天気予報が当てにならないこともよくあります。予報はあくまでも予測でしかなく、実際の天候の変化に迅速に反応し続けることが重要です。ちなみに、天気図を読む際に大切になるのが、風の向きと強さを調べるために等圧線の向きと間隔を確認することです。風が強いと体感温度が下がるうえ、とくに稜線（山の山頂と山頂を結ぶルート）を歩く時に急に身体が吹き飛ばされるほどの強風が吹くこともあるので注意が必要です。海上と同様に、風の流れに逆らわないことが登山でも大事なことであり、ルートによっては風がいのちとりになることがあります。自分が風に飛ばされなくても、誰か別の登山者がバランスを崩して滑落すれば、その結果として自分が被害を受けてしまうこともあり得るのですから。

天候が乱れて雨が激しくなる時は、衣服や荷物がびしょ濡れになってしまうことも想定しなければなりません。雨などによって全身が濡れると、体温も下がり、着替える必要がありますが、替えの洋服自体が濡れてしまうと、温度や天気次第ではいのちに関わることもあります。GORE-TEX《ゴアテックス》などの雨具は浸水を防ぎながらも蒸れにくいようにつくられているので重宝します。ザックもカバーが必要になりますが、破れていたりするとザック内の荷物がすべて濡れてしまう場合もあるので注意が必要です。

沢登りなどで水の中を歩くことが前提の場合は、ザックの中の荷物をビニール袋で何重にも包めば登山具は濡れません。そのことを応用して、明らかな雨模様の時は、荷物自体もビニールで包み、何が起きても登山具が濡れない工夫をしていました。こうしたことも部員同士で検証したり、先輩からのアドバイスで暗黙のルールとなっていました。

加えて、落雷の恐れがある時は、稜線のように近くに高いものがない場所は絶対に避けること、外に出ている金属物はザックの中にしまい、休む時でも林や森の中では金属は持たない、といった登山の基本についてもルールとして厳守していました。

その他にも、登山をしながら先輩から学んだこともたくさんあります。山中ではゴミは必ずすべて持ち帰ること、他の人が落としたゴミでも山をきれいにするために拾うこと、食事などではゴミが出ない工夫をすること。また、食材の調達が困難な山小屋で出された食事は絶対に残してはいけないことや、もし同じパーティーで食べられない人がいたら、必ず誰かが代わりに残さず食べることなど、山岳部や山岳会に入っていれば必ず学ぶであろう基本的なルールも徹底して教えられました。自己流の登山ではこうしたことをあまり厳しく教わりません。必ず登山の経験者から山特有のルールを学ぶことをおすすめします。

OBの医師と学生がボランティアで運営する涸沢診療所

わたしが鉄門山岳部に入部した理由の一つに、鉄門山岳部とOBが協力して運営している涸沢診療所の存在があります。涸沢診療所は、北アルプス・涸沢（長野県松本市）にある山小屋の涸沢ヒュッテに併設された夏山診療所で、北穂高岳（標高3106m）・滝谷で1959年に起きた東大スキー山岳部員の遭難事故をきっかけとして1960年に開設されました。毎年7月下旬から8月下旬にかけて、OBの医師と鉄門山岳部の学生20～30人がボランティアで当番を務めながら運営し、毎年100人前後の患者さんを診察しています。涸沢は長野県内有数の観光地である上高地から6時間ほど歩いたところにあり、奥穂高岳（標高3190m）・北穂高岳を目指す登山者のベースキャンプになっている場所です。涸沢までのルートは危険な岩場や鎖場などがないため、登山初心者でも本格的な登山を体験することができます。

鉄門山岳部に入部すると、まずは涸沢まで行けるようになることが第一目標になります。OBや先輩と登山をともにしながら、基本的な登山技術を習得していきます。わたしの在籍当時の鉄門山岳部は、登山の参加回数にノルマはなく、むしろ部員の約3割は涸沢診療所に参加するだけでした。とにかく登山をしたい部員と山岳診療所に興味がある部員がともに協力し合いながら運営の手伝いをしていました。

鉄門山岳部では5月になると涸沢診療所の開設に向けて準備を始めます。まずは涸沢診療所を担当するメンバーを募り、シフトを作成します。今はメールで簡単に連絡できますが、当時はメールが普及していたとは言いがたく、名簿を見ながらOBの先生方に電話をしていました。また、シフトは必ず医師一人に対し、学生一人がサポートする体制を整えていました。先生方は診療で忙しいので、まずは、毎年参加してくれる先生方に連絡し、シフトが埋まらない場合に限り、その他の先生方に電話して交渉しました。

また、診療に必要になるガーゼや点滴などの資材の搬入も部員の役割です。現在は、山小屋の協力もあり、資材を運ぶヘリコプターに同載してもらっていますが、当時は部員が手分けして、資材をザックに詰め込み、涸沢診療所まで運んでいました。とくに点滴は中の液体が振動で揺れ動くため、慣れないうちは体力を奪われてしまい、とても大変だったことをよく覚えています。

医療の原型を教えてくれた涸沢診療所

学生時代のわたしは、医療とはどうあるべきか、について絶えず思いを巡らせていました。そうした中で、ほぼ4年間座学で実践的な知識を学ぶことができない医学部の授業に疑問を感じていました。もちろん、医学生としてプロの医師に求められる膨大な知識や技術を学ぶことが大切なことは分かるのですが、授業では問診や診察といった患者さんとのコミュニケーションに関する技術がないがしろにされているように感じられたのです。また、医療の歴史を考えても、より原始的なところから少しずつ道具が開発され、技術が進歩し、現在見るような近代的な病院のシステムに行きついたはずです。しかし、その途中経過を教えられないことにも不十分さを感じていました。

一方で、山の中にある涸沢診療所は基本的にものが少なく、医療機器は最小限のものしかありません。実際大がかりな治療はできず、患者さんに応急処置を行った後は自力で下山してもらうか、本当に急を要する場合はヘリコプターを手配することになります。こうした物理的にものが少ない環境で患者さんを診る行為は、わたしにとってまさに

「医療の原型」とでも言うべきものです。また、第一線で活躍するOBの先生方の診察を間近で見ながら、一定期間寝食をともにする体験も他では得がたい経験でした。

そんな涸沢診療所での一番大事な仕事は患者さんの話を聞き取ることです。涸沢診療所では学生がまず患者さんを問診し、その内容を医師に伝えるような仕組みを取っています。例えば、涸沢診療所に初めて行く部員は、まず先輩のサポート役として問診に立ち会います。そして、先輩が患者さんから病状を聞き出したり、自費診療になることを伝えたりしているのを見聞きしながら、実際に一人で問診をしてみるのです。学生が対応にまごついている時は医師が対応してくれるので、安心しながら問診をマスターすることができます。このように涸沢診療所では、医師免許がない学生も協力しながら自分たちができる限りのサポートをして、臨床医学の一端に触れるようにしていました。

どの場所から穂高まで来たのか、ほぼ眠れないまま登山に来たのではないか、どれくらいの登山経験があるのか、登山は一人で来ているのか、パーティーなのか。そうしたことを細かく聞いていると、登山者に応じた対応ができるようになります。わたしも最初に問診した時は緊張しましたが、その時のトレーニングのおかげで、既往歴、内服歴、生活歴、家族歴……など、その人の背景をしっかり聞き取ったうえで、対話する習慣が生まれました。医師になった今でもそうした経験がすべての基礎になっていると感じます。サポートがある環境の中で、現場で必死に学んでみることこそが、人を成長させるのだと思います。

また、このような涸沢診療所での体験があったからこそ、本項の冒頭で述べた医療の在り方への違和感を認識することができるようになったのかもしれません。人間が違和感を抱くのは、本来あるべき場所からズレてしまっているサインです。自分が進むべき本来の医療の在り方を目指すためにもその違和感を忘れないようにしました。

ちなみに、わたしは違和感のことを内部のズレを補正しようとするいのちが持つ調和の力の一環であるとも考えています。違和感から生み出されるいのちの力は、意識しない限り引き出せない力なのです。だからこそ、その時の違和感の正体を解明することを続けていけば、本当の自分の在り方さえも明らかになるのではないかと思っています。なぜ人は眠り、人は死ぬのだろうか、そうした違和感への問いの結果は『いのちを呼びさますもの――ひとのこころとからだ――』という初めての著作を書く強い動機づけにもなりました。医師になってからは、ついつい忙しさで初心を忘れがちになりますが、時折涸沢診療所で問診もおぼつかなかった学生時代や大学や病院での違和感を思い出しながら、自分自身のズレを補正しつつ、本来あるべき医療の在り方を見定めていく必要があるのではないかと思っています。

東大
涸沢診療所
東大涸沢診療所

裏側から垣間見た山小屋の生活

病院実習に行く医学部5年生までは、涸沢診療所のスタッフとして1ヵ月ほど現地に常駐することもありました。当時のわたしにとっては、診察シフトの合間を見ながら、涸沢をベースキャンプにいろいろな登山ルートを開拓することがとても贅沢で楽しい時間だったのです。涸沢診療所に長期滞在する中で垣間見ることができたのが、山小屋で暮らす人々の生活です。最初のうちは山小屋の方々は全く愛想笑いをせず、近寄りがたく怖い存在だと勝手に思い込んでいました。ただ、彼らが放つ独特のオーラは、厳しい自然の中で自立した生活を守る姿勢がもたらしているものだと後に分かりました。自然を相手に生きている人たちは、人間に媚びる必要がなく、権威や肩書きなども不要です。ただただ逞しく生きているのです。

例えば、登山道や水場を整備しているのは、山小屋の方々です。彼らは、毎朝登山者に危険が及ばないように登山ルートを確認したり、雨水を濾過して飲料水や皿洗いに使ったりしています。さらには、雨水を天水として活用するために貯水タンクにボウフラが湧かないように銅板を入れたり、外部から虫が入らないように侵入口を厳重に密閉したりするなどのさまざまな工夫をしていました。また、涸沢ヒュッテの周辺は、冬になると雪崩の巣になってしまいます。そこで、冬の山小屋を使用しないシーズンには、壁を打ち付けて雪や人が入れない状態にしてから小屋の核となる部分だけを残し、壊れる危険性がある山小屋本体は解体します。そして、山開きの時期になると、小屋を雪の中から掘り起こしながら、核となる部分をベースに新たな小屋を建て直します。そうした山の生活の数々をわたしは興味深く観察しながら、人間が自然の中で生きるということの本質を学びとっていました。

このように、山小屋の人たちの数々の労力によって、涸沢の登山環境は維持されています。通常であれば、山小屋の方々には登山客としてしか接することができません。しかし、涸沢診療所のスタッフとして山小屋の生活を裏側から見ることができたことは、わたしにとってとても大きな経験でした。涸沢診療所の診察を担当する医師と鉄門山岳部の部員には、山小屋から謝礼の代わりとして寝る場所と食事が提供されていましたが、学生時代のわたしは十分に貢献できていないという想いから常に後ろめたさを感じていたのを覚えています。

ヒマラヤ挑戦

凅沢診療所に集まる医師の年齢層は20代~80代まで幅広いです。鉄門山岳部のOBは、大学の教授や病院長になっている方も多いのですが、部員たちと寝食をともにしながら山談議に花を咲かせます。一方で、個性的なOBも多く、毎年どんなに寒くても半袖短パンと草履を履いてやって来る80代のOBや、トレイルランにはまってほとんど物を持たずに水着のような服装で走ってくるOBもいました。どうやら山という場は人を開放的に、自由にさせるようです。そうしたOBの中でとくにお世話になったのが現在は順天堂大学にいらっしゃる横溝岳彦先生(生化学第一講座教授)です。横溝先生は、わたしと同じ熊本県出身で、学生時代にヒマラヤのK2(標高8611m)に挑戦するなど、高い登山技術と豊富な登山経験を併せ持つ登山のエキスパートでした。

横溝先生には、通常の登山の方法だけではなく、実際の岩場でのロープワークからカラビナの使い方に至るまで、クライミングの基本も教えて頂きました。そんな大学2年生のある日の登山では、いつものように横溝先生からロープの結び方を習っていました。

すると、横溝先生が「お前は体力があるからヒマラヤに挑戦したらどうか」とおっしゃいました。横溝先生はOBにカンパを募れば、遠征費は賄われるだろうと言います。そういう挑戦をする学生が最近はいなくなったのだ、と。ヒマラヤ山脈と言えば、標高7000～8000mの想像を絶する世界で、登山者なら一度は憧れる場所です。わたしに本当にそれだけのことができるのか、頭の中でシミュレーションしてみました。1年休学して海外の冬山に登り、さらに6000m級の山にチャレンジして、徐々に高地順応していき、ヒマラヤ山脈に挑戦する。最初は楽しい妄想ばかりが浮かんできてウキウキしました。こうしたポジティブで楽観的な心の動きを利用して、勢いで先へ先へと物事を進めていく場合もあるでしょう。

しかし、横溝先生からヒマラヤでの登山経験を聞くうちに、自分の能力では死ぬのではないかと思い始めました。しかも、ヒマラヤに遠征するには遠征費やシェルパ（ヒマラヤ登山の案内人）の賃金などを含め、莫大な金額がかかるようでした。その出資者たちから「君に僕の夢を託した」などと言われたら、ヒマラヤ登頂に成功するまでは日本に帰ることはできないでしょう。そうしたいつまでも降りられない船を最後まで漕ぎ続けられるのだろうかということを考え、心が時には日向に動き、時には日影に動くといったような往復運動を繰り返していました。

そんなことを繰り返し考えていた大学4年生のある日、横溝先生と箱根の金時山（標高1212m）でクライミングの練習に行った時のことです。いつものように横溝先生の引率のもと、金時山の岩場を目指して歩いていました。すると、少し急勾配の登りが続く場所に差し掛かった時に横溝先生の肩が不自然な動きをして、ゼーゼーと息が上がっていることに気がつきました。しかし、この場所は通常の登山ルートであり、わたしにはそこまで息切れを感じるような場所ではなかったのです。横溝先生は体調が悪いのではないかと心配していましたが、目的地の岩場に着くなり、「俺ももう体力が落ちたなぁ」と、ポツリと呟かれました。当時の横溝先生は、まだ40代前半で登山ができなくなるような年齢ではありませんでしたが、生化学の研究で多忙を極めていたため、運動不足だったのだろうと思います。横溝先生は、「夏季の涸沢診療所の診察には毎年参加しているが、それ以外の日には本格的な登山をする余裕もない」とおっしゃっていました。

横溝先生のような登山のエキスパートでも、自分の体力では手に負えないと思ったら登山から離れてしまう……。この時自分の限界を知ることの大切さを学びました。すると、自分の中に「ヒマラヤ山脈に登ったら有名になれる」という感情が隠れていることにも気づきました。結局、自分は栄光や権威に依存しているのではないかと思った瞬間、急に冷めてしまい、ヒマラヤ行きをさっぱりと断念することができました。この時の出来事はわたしにとって山との関わり方を決定づける、まさにY字路の分岐点とも言える経験でした。登山においては登る勇気よりも下山する勇気が大切です。わたしは山頂に登る行為を介して、引き返す勇気をこそ、登山から学んだと思っています。

登山という固定観念を手放すレッスン

登山は、計画通りにいかないのが前提です。山行計画を立て、天気図を読むなどできる限りの準備はしますが、登ってみて初めて分かることもたくさんあります。そんな時に役立つのが夏の風景と冬の風景のイメージを重ねることです。

わたしの場合は必ず冬山に登ることを前提として夏山に登るようにしていました。夏山に登る際は、しっかりと行程を観察して時間配分を確認しながら、本来的な山の地形を把握していきます。こうしてでき上がった夏山のイメージに冬山の雪で覆われているイメージを重ねていくのです。

そうした作業を繰り返しながら冬の鹿島槍ヶ岳（標高2889m）に登っていた大学5年生の時のこと。天気予報では、鹿島槍ヶ岳の天候が乱れる予報が出ていましたが、天気図を見たところすぐに吹雪が止むようだったので、登ってみることにしました。ただ、万が一吹雪が続いた時には、どこかで行動停止して休むことを想定し、長めの余裕ある日程で山行計画を立てていました。焦ると正常な判断がくだせなくなるため、計画には余裕が必要だからです。

いつものように夏山をイメージしながら登山をしていたところ、吹雪が強くなり、前か後ろかも分からないくらいのホワイトアウトに遭遇しました。あらかじめ調べておいた雪崩が起きない安全な場所にスコップで雪洞を掘り、体育座りができるスペースを確保して雪の中でビバーク（露営）することにしました。すると、吹雪は止むどころか、次第に勢いを増し、雪洞から出ることができなくなりました。それから3日間雪洞に籠り、体力を減らさないように息を潜め、最小限の心拍になるよう徹し、食料もなくならないように少しずつチョコレートを食べて過ごしました。その後、吹雪が収まったことを確認し、予定を変更して早めに下山しました。これはある意味では想定内のビバークとも言えますが、余裕を持ったスケジュールを組んでいたおかげで、焦りもなく冷静に状況を判断できたのだろうと思っています。

この時も、夏山と冬山のイメージを重ね合わせながら登山をしていたことが大いに役立ちました。夏山の姿を把握しないで登っていたら、雪崩に巻き込まれたかもしれません。ちなみに、想定外のことが起きた時にはどうやって対処して乗り越えるかがとても重要になります。例えば、天気予報で晴れと出ていて実際は雨だったという時に、想定していることだけを推し進めていくのは、雨なのに晴れだとずっと言い続けているようなものです。予測はあくまでも予測でしかありません。

生きていると受け入れがたいことがたくさんあります。ただ、それはある意味では自分自身のエゴとの衝突や摩擦が生まれている時の感覚であり、自分の固定観念や偏見、思い込みなどが顕わになる時でもあります。そうした感情は誰もが同じように感じているわけではありませんが、登山のように自然界のルールに従わなくてはいけない時に、「思い通りにならない」ことを嘆いても仕方がありません。変化を本質とする自然界と対峙する時には固定観念を手放す必要があります。まず現在の状況をすべて丸ごと受け止めてみて、その上でどうするか最善策を前向きに考えていくことが大切です。自然界の中で、こうした葛藤に時間を浪費していると、生命の危機につながることとすらあるのです。まずは受け入れがたいと思われることも丸ごと受け入れてみること。その上でどう行動するのが最善なのかを考えてみること。登山でそうした固定観念を手放す心の習慣をつけたことは、自分の心の器を強く大きくするためにも絶好のレッスンだったと言えます。

いのちの水

登山を繰り返すたびに、友人からなぜそこまで登山に没頭しているのか、登山の中に何があるのか、とよく聞かれました。イギリス人登山家・ジョージ・マロリーがエベレスト初登頂を目指した時に、ニューヨーク・タイムズ記者の「エベレストになぜ登るのか?」という質問に対し、「そこに山があるから」と答えたのは有名ですが、いつまでも誰かの言葉を真似ているわけにはいきません。自分が登山の何に感動し、何に突き動かされているのかについてよく考えてみました。

登山の時、わたしは常に水の重要性を感じていました。登山では自分が持つ荷物がそのまま負荷となるので、水は最小限にしながらも十分な量を運ぶ必要があります。なお、登山地図には湧き水場の記載もありますが、時に水が涸れていることもあり、自然界での水場は貴重なのです。山奥の不便な場所にある山小屋では水を販売してくれていますが、その搬入にもとても労力がかかります。このように、山という自然界ではとにかく水が貴重であり、重要であることを何度も痛感させられました。

また、海の塩水は飲水にはならず、雪の上でも雪や氷はそのままでは飲めません。水はあらゆる形態に変わる一方で、人間に適した状態にもなり、しかも生命と直結しています。そんなことを考えているうちに、自分は水がいのちそのものだと感じるために、そして、水をおいしく飲み、いのちを歓喜させるために登山をしているのではないか、と思うようになりました。

頭が理屈で登山を選んでいるのではなく、身体や心が、むしろいのちそのものが、わたしを登山へと導いていると感じました。登山で疲労して喉が渇いた時に飲む水は、あたかも水の一滴一滴の粒子が全身を駆け巡り、一つひとつの細胞に滋養を与えるかのように働き掛けているように感じます。このことは登山をしたことがある人であれば必ず感じることでしょう。

とはいえ、わたしたちは生まれた時から水に当たり前のように接しています。水そのものを飲むこともありますが、お茶やコーヒー、ジュースも水ですし、野菜や肉といった食べものにも水が含まれています（乾物などは例外です）。朝になれば水で顔を洗い、歯を磨き、トイレも流し、夜にはお風呂に入ります。外を歩けば雨が降り、川には水が流れています。日常にありふれている水だからこそ、わたしたちは水と人間の生命との関わりを感じることが少なくなっているのではないでしょうか。

水と生命とのつながりをここまで感じることができたのは、おそらく第1章の冒頭部でお話しした幼少時に点滴でいのちをつないでいた時以来のことではないかと思います。そうした生命の働きや輝きを間接的に気づかせてくれたのが、登山中に口にした一滴の水でした。わたしは登山の度に、この水という存在にいつも感動しています。その感動こそが登山への原動力になっていたのです。

太陽が昇り、沈む意味

太陽は水と同様に日常にありふれた存在とも言えます。太陽の働きのおかげで、朝に目が覚める時には外は明るくなっていますし、夜を迎えると外は暗くなり、寝る時間になります。つまり、外界が明るく照らされることでわたしたちの身体は目覚め、外界が暗い闇に包まれると、わたしたちの身体も活動を止めて眠りにつくようになっているのです。しかし、わたしたちは朝と夜、光と闇、こうした太陽がもたらすメカニズムの中で日々を過ごしているにもかかわらず、その根底にある太陽が昇り、太陽が沈むといった宇宙的なスケールで行われる雄大な営み自体を見る機会は驚くほどありません。しかも、都市の人工化・脳化された社会は行き過ぎている傾向にあり、昼も夜も人工的な光が灯されているため、身体は昼なのか夜なのか分からず混乱するという事態が起きています。身体は脳の都合に合わせてそれなりの無理を強いられながらも、なんとかうまくやっているというのが実情です。

一方、山では山小屋以外に人工的な灯りがないため、日が落ちると当然のように周囲は闇に包まれます。そのため、登山では行動終了時間を15時から16時くらいに設定していますが、これは自然界に生きるためのルールでもあります。こうした自然界の人工的な灯りがない空間の中で、黄昏時にふと空を見上げると、空が真っ赤に照らされていて驚くことがあります。夕陽は、空の色（水と光が関係する）との関係性の中で複雑な赤色を空間に放ちながら、ほんの数分だけ圧倒的な自然界の美を開示するのです。人工物が存在しない自然界で見る夕陽は圧倒的なものです。世界中の宗教の中に太陽神が必ず存在するのも、こうした太陽の神秘的な体験そのものに由来しているのだろうと思います。

また、夕方の太陽だけでなく、朝の太陽も同様に感動的なものです。まだ周囲が闇に包まれている早朝に起きて、お湯を沸かして朝食の準備をしていた時のことです。ふと外に出ると、かすかに光が訪れる予感を感じました。そのまま東の方角を見ていると、暗闇から濃紺やピンクなどの複雑な色彩を発しながら数秒の単位で空の色合いが変化し、太陽が光の塊として地平線から登場したのです。刻一刻と空の色が変化し、暗闇だけだった世界に色が与えられていきました。

登山中の自然の風景にももちろん感動しますが、疲れ果てている時にはそうした余裕がないこともあります。しかし、太陽の壮大な営みを感じることができる日の出や日没の風景は登山の初めと終わりであることが多く、身体も頭も空っぽとなっている時間です。この時の空っぽの全身に入り込んでくる太陽の体験はとくに印象に残っています。わたしはこの体験を経て当たり前と感じていた太陽が昇り、沈む、ことの深い意味を噛みしめるために登山をしているのではないか、と感じるようになりました。

わたしたちは何気なく生きているように感じられますが、そうした状態を維持するためには、自然が織りなすいのちのメカニズムをはじめとするあらゆる前提条件が必要となります。しかもその前提はありふれている現象にこそ働いているのですが、時に見過ごしがちになります。わたしの場合は自分自身の限界に挑もうとする登山のプロセスの中で、生きる前提条件としての水や太陽の存在と自分自身のいのちとのつながりを強く感じるようになりました。

わたしにとって山は自分が今生きているという神秘や不思議を感じさせる存在であり、さらに生きていることが当たり前ではないことを再認識し、この与えられた尊い1日をまっさらな気持ちで生き直そう、と自然と決意を促してくれる場なのです。

歩く瞑想

大学時代に登山をしていた時に、しばしば自分の中が空っぽになるような感覚に見舞われたことがあります。この状態のことをわたしは「歩く瞑想」ととらえています。そして、わたしたちは「空白を得る」ことを本能的に求めているのではないか、と思います。

普段人間は複雑なことを考えていますが、主に頭が主導権を握っています。例えば、他者に言われたことを何度も頭の中で反芻し、悪意や善意を含めてあらゆる解釈をし続けては落胆したり希望を持ったりし続けています。頭の中で解決しないことを延々と考え続けているうちに、頭は思考が溢れることで余裕がなくなってしまいます。

一方、登山では主に全身を使います。登山の最初の体力があり余っている時は誰でも饒舌なものですが、疲れてくると頭に使うエネルギーを節約するようになり、自動的に身体優位へとシフトチェンジが起こります。登山経験者の多くが、この状態のことを「勝手に身体が動くようになった」と言います。つまり、頭では何も考えていないのに、何の指示も出していないのに、自動的に身体が反応して動いている状態です。こうした経験がない人は、とても不思議な感覚に襲われるでしょう。なぜなら、頭はただの傍観者のようになり、自分の身体なのにそうではないような気がするからです。

村上春樹さんも『走ることについて語るときに僕の語ること』（文藝春秋）の中で、「小説を書くことは、フル・マラソンを走るのに似ている。基本的なことを言えば、創作者にとって、そのモチベーションは自らの中に静かに確実に存在するものであって、外部にかたちや基準を求めるべきではない」「僕は走りながら、ただ走っている。僕は原則的には空白の中を走っている。逆の言い方をすれば、空白を獲得するために走っている」と述べています。登山での感覚もそうしたマラソンで到達する感覚に近いものです。自分の中に積極的に空白をつくることで、自らの中に存在する未知の何かが現れるスペースが生じるのだろうと思います。わたしたちは、あまりにも外からやってくる情報に溺れ過ぎています。自分の中に余白や空白を意識的に獲得する必要があるのではないでしょうか。

そうした自らの内面に生じてくる空白は、対話においても重要です。先述の通り、わたしは学生の時も勉強会を主宰していましたが、誰かとの勝ち負けを競うような議論は求めていませんでした。なるべく民主的な場をつくろうと意識しながら、先生と学生との関係性をフラットにしながら行う対話の場を大切にしてきました。自分が準備してきた考えを戦わせる場ではなく、お互いが開かれた余白を持ち寄りながら、そして対話により生まれる新しい余白の中に、お互いにとって未知の考えが創造されるような場をイメージしていたのです。

山という誰にでも開かれた公平な場は、登山をしながらパーソナルな領域で思索を深めるのに絶好の場だったと思います。それは何かを考え出す、というよりも、獲得した空白に新しい何かが生まれてくるのを待つような時間でもありました。わたしにとって登山とは単なる身体的行為だけに留まるものではなく、内的世界の思索を深めながらも、全く予想もしなかった新しい考えを内面の空白に出現させる創造の場でもあったのです。

第3章

山岳医療という場

医師国家試験直前まで山に登る

大学5年生になると、鉄門山岳部の部員の中には医師国家試験に向けての勉強や病院実習に追われ、部活動などの時間を少しずつ減らしていく人も多くなります。ただ、わたしは山を登ることが呼吸をするように日常に組み込まれていたため、医師国家試験の2日前まで登山をしていましたし、試験の翌日も登山に向かいました。それほど、山の魅力に取り憑かれていたのです。

医師になるには、まず医学部を修了したことを認定する大学内の卒業試験に合格後、さらに医師国家試験に合格しなくてはなりません。これらの試験は出題範囲も広く、山に注いでいるのと同じくらいのエネルギーを勉強に傾ける必要がありました。とくに東大は大学の卒業試験が高度に専門的な内容で、医師国家試験とは全く関連しない内容だったため、それぞれの勉強は全く異なるものだったのです。

平日の夜は、大学の図書館で閉館時間まで勉強し、食事は、世界一おいしい（とわたしが思っている）「食堂もり川」（「東大生と共に明治から」という看板でお馴染み）に通い、店主がつくり出す愛情溢れる食のエネルギーで元気を出していました（今こうして原稿を書いている時も、食堂もり川の画像を検索し、懐かしい定食の画像を見ながら、涎が口の中に溢れています）。勉学を平日だけで完結させ、週末の土日はすべて登山に費やす。そんな日々を過ごしながら、登山の行きと帰りの電車でも医学の勉強を続けました。

もちろん平日も勉強だけをしていると息が詰まります。時には登山に関係があることをして気を紛らわしていました。それが第2章で紹介したキャンパス内の室内フリークライミングです。平日には毎日のようにクライミングで汗を流しながら、心身のバランスを取っていました。こうして勉強に取り組んだ結果、2004年に大学を卒業し、国家試験に合格することができました。

山岳救急医療の聖地・相澤病院

医師として独り立ちするには、さらに研修医として2年間勤務しなければなりません。ちょうどわたしが大学を卒業した2004年から新臨床研修制度（スーパーローテート）が始まり、研修医自身が希望する研修先を選ぶことができるようになりました。そこで、わたしは、長野県の相澤病院で研修を受けることにしました。多くの同級生は、新制度に不安があったため東大に残りましたが、わたしはちょうど外に出るチャンスだ、と思い、登山で親近感のあった長野を研修先に選んだのです。

相澤病院は、大学時代によく訪れていた北アルプスの玄関口である松本市内にあり、映画化もされた小説『神様のカルテ』（小学館）のモデルになっている病院です。実は『神様のカルテ』を書いた作家の夏川草介さんはわたしの研修医時代の1年先輩でした。当時はそんな偉大な先輩だとは思っていませんでしたが、後に知って驚きました。誰もが内に秘めている想いはそう簡単に明かさないものです。かねてわたしは「医療と福祉と芸術に橋を架けたい」という想いがありましたが、そうした想いは表には出さず日々の業務を必死にこなしながら学習することだけで精一杯でした。1年先輩の夏川さんには徹夜で救急の患者さんの対応をしながら、あらゆることを親切に教えて頂き感謝しています。

また相澤病院は、県内の山岳事故患者の多くがヘリコプターで搬送される山岳救急医療の聖地でもあります。実際、涸沢診療所を手伝っていく中で、患者さんが相澤病院へとヘリコプターで運ばれていく光景を何度も見ました。すると、次第に山岳医療ともつながった病院とはどんなものだろうと考えるようになり、山という大自然を中心にした医療にも想いを馳せるようになりました。そうした背景もあり、相澤病院で研修医生活を送れば、実際の医療現場で山岳事故の症例をどのように治療するのかを間近で見ることができるのではないかと考えるようになったのです。

ちなみに、相澤病院にはオリンピック女子スピードスケートで日本初の金メダルをとった小平奈緒さんが2009年よりスタッフとして在籍されています。小平さんが競技に打ち込めるようにと、遠征費や住居費などを病院が支援しましたが、そうした試みは他の病院では例がありませんでした。院内の経営だけではなく、町や文化を支えるような大きな視野を持っていた当時の院長、相澤孝夫先生（一般社団法人日本病院会会長）

の考えに深く共感していたことも働く決め手になりました。一方、部屋の窓から北アルプスが見えたりすれば、どんなに心地よいだろうと考えていたことも相澤病院を選んだ理由の一つでしたが、現実はそんなに甘くありませんでした。

相澤病院は県内有数の救急指定病院になっており、昼夜問わず患者さんが搬送されます。その中には滑落や落雷など、特殊な事故に遭った患者さんも多く搬送され、すべてが新鮮でした。しかし、救急外来をメインに研修をしていたため、休日は不規則で3日に1度の頻度で夜間当直を続ける必要があり、自分の時間はほとんどありませんでした。近場にある北アルプスに想いを馳せる余裕すらなかったのです。

こうしたハードな医療現場で働く中で、たとえ短期間であっても登山で一時的に連絡が取れなくなることはよくないだろうと思うようになりました。結果として、登山への想いも落ち着いてきました。今でこそ、オンオフをしっかりするという考えが一般的になりつつありますが、当時は医師になるために自分の時間を犠牲にする覚悟が必要だったのです。このようにハードな面はありましたが、あらゆる症例の治療の一連の流れを経験できたことで救急対応への恐れや不安は全くなくなりました。研修医時代の経験はその後の医師人生の土台を支える自信となりました。

登山の引率で学んだ観察と対話

研修医時代は、患者さんの対応に追われていましたが、どうにかして登山の機会を得ようと、休日に中学校の登山の引率のアルバイトに行きました。医師としての立場で参加する登山の引率であれば、休み中に連絡が入っても研修先に事情を説明できるのではないかと考えたのです。この時の役割は医師として応急処置をしたり、健康相談に乗ったりすることでした。

例えば、緊急時には下山の決断をする必要がありますが、実際は「もう登れない」と気落ちした生徒たちを励まして登山を続ける気持ちを高める役割をしていました。登山の最初の頃は、子供たちは自然が織りなす非日常にはしゃぎ饒舌です。ただ、1時間ほど登っていると、疲れてきて無言になり、悲壮感すら漂うようになります。2時間以上も山道を歩き続けていると、未体験ゾーンに入るためか、「もう無理だ」と、もう一人の弱い自分がささやき出しているような雰囲気が出始めます。

もちろん、無理は禁物ですが、少しずつ限界を突破することで人は成長する側面もあります。しかし、その絶妙なバランスを判断する側にも経験と責任が問われます。登山を止めるべきか、続けるべきかという判断には、医師としての医学的な知識よりも、登山家としての経験のほうが重要でした。例えば、歩き方、息の仕方、表情、目や声の力、あらゆる要素を総合的に観察しながら、登山を続けるべきか、止めるべきかどうかを判断します。こうした観察を続けていると、ほとんどの生徒は、自分の限界という未体験の世界に恐れを感じているだけであることが分かります。限界に挑戦してみようという前向きな気持ちにさえなれれば、登山の体験が成長につながっていくこともあるのです。

ただ、これは一人ひとりと丁寧に対話をしながら、正確に状況を把握することが大前提です。こちら側の思い込みや押しつけは慎んでいました。登山は自分の足で歩き続ける必要があるため、ある意味では過酷な行為です。誰も代わってはくれません。登山経験者として、自分の中にある弱い気持ちをどう克服するかについて生徒と対話することを心掛け、生徒の中にある未知の力を引き出すように優しく寄り添いながら、登山の伴走者としての役割に徹するようにしていました。

2300mの山の中で初めてたった一人で診断をくだす
――腹痛の少年とお祖父さんの話――

多忙を極めた研修医時代も、夏休みを利用して涸沢診療所には必ず行くようにしていました。そんな研修医2年目の涸沢診療所での診察時のことです。涸沢ヒュッテに宿泊予定だったお祖父さんと男の子のお孫さんが診療所にやってきました。男の子は、「お腹が痛い」と言います。そして、付き添いのお祖父さんから「山小屋でソフトクリームを食べてお腹が冷えたようだ」と説明されました。子供が冷たい食べものでお腹を冷やすことはよくあることです。最初はお祖父さんの言葉をわたしも信じていました。

しかし、実際に男の子のお腹を触ってみると、柔らかい感触の部分が多い中で、1点だけ強い反射を感じました。雑談をして気を逸らしながら、さりげなくその場所をもう一度触ってみると、やはりその1点を触れる時だけぐっとお腹に力が入るのです。こうした反応は、痛む部分を触れさせないようにする無意識の身体の防御反応であり、子供が心因性で痛がっている場合の反応とは違います。つまり、ただのお腹の違和感を痛いと過剰に言っているわけではなく、これは、非常事態でお腹が痛いと主張している証拠なのです。さらに、触感を確かめるために時間を置いて触れ直しましたが、やはりお腹の特定の場所だけが強く痛みを主張していました。そこは、お臍《へそ》の右下の部分、まさに盲腸の場所でした。わたしは、言葉の訴えではなく、男の子の身体そのものの反応に忠実に従い、盲腸（急性虫垂炎）の症状だと確信しました。

そこで、お祖父さんに盲腸の可能性がある、と知らせたところ、突然血相を変えて「お前は医者になって何年目だ」と怒鳴られたのです。さらに続けて「山の中で偶然に盲腸になるなんてあり得ないだろう。もっとベテランの医者を呼んで来い。もし診断が間違っていたらこの責任はどう取ってくれるんだ」などと、まくし立てられました。実際、わたしもまだ研修医の身で医師としては1年強の経験しかなく、100%の自信があったわけではありません。内心たじろぎましたが、そうしたわたしの不安が伝わると、さらにまくし立てられそうだとも思いました。

それまでは病院内で困ったことがあれば、上級医に相談できたので、その意見と併せて患者さんに伝えることができました。しかし、この時、2300mの山の中で医師はわたし一人だけです。ただ、わたしも2年目の医師とはいえ、プロの医療者として判断をくだす必要があります。プロの医療者になるための洗礼だとこの試練を前向きに受け入れる覚悟をしました。その背景には、わたしが相澤病院で昼も夜も救急外来を担当しながら、あらゆる症例を経験していたこともありました。最終的には自分を信頼し、「もし盲腸だった場合、腹膜刺激症状も出ているので、腹膜炎になるかもしれません。ゆっくり下山していると最悪の場合腹膜穿孔《せんこう》などを起こし、いのちに関わる可能性もあるので、ヘリコプターで病院に搬送したいと思います」と、堂々とお祖父さんに伝えました。

もちろん、ヘリコプターで搬送したものの、病院に着くなり、少年はピンピンして走り回り、検査をしても盲腸ではないと診断されるかもしれません。しかし、「この少年のいのちを助けることが医師の使命だとすれば、人生の中でわたしが恥をかくくらい大したことではない」。もし、診断を誤った時は、「自分が未熟であることを正直に認めて頭を下げればよい」と、わたしは腹を決めました。すると、お祖父さんから「ヘリコプター代は高額だ。そんな金は払いたくない」と言い放たれました。さらに、「もし誤診だったら、お前が責任を取ってヘリコプター代を払うのか」とまで言われました。

そこで、長野県警のヘリコプターであれば、費用負担なく病院まで少年を降ろすことができるのではないかと思い、直接電話をして交渉しました。警察側も事情をよく飲み込んでくれて、「医師がそうした判断をくだすなら、わたしたちはそれを尊重します」と言ってくれました。この時、医療者としての経験の長さにかかわらず、プロとして職務を全うする警察の方の態度に深く感動しました。腹痛の少年のお祖父さんから心ない言葉を浴びせ続けられていたからこそ、そうした言葉や態度が深く染み入ったのかもしれません。

ヘリコプターが必要だと判断してからは、話はすぐに進み、約20分でヘリコプターが来ることになりました。わたしは少年に「大丈夫だよ」と声を掛けながら、急いで紹介状を完成させ、ヘリコプターのパイロットの方に渡しました。お祖父さんはなんとも表現しがたい複雑な表情をしていたこともあり、ヘリコプターが飛び立った後も、わたしは気が気でありませんでした。もし、盲腸でなかったらどうなるだろうか、本当に冷静な判断ができていたのだろうかと、少年とお祖父さんの顔がグルグルと頭の中を巡り続けました。しかし、わたしがお腹を触った時に感じた、ぐっと力のこもった反射反応がわたしの右指の先に残っていました。その触感こそを信頼しようと何度も思うようにしました。

その後、少年は病院に搬送され、CTを撮影すると、やはり盲腸の診断でした。すでに腹膜炎になっていたので、その場で緊急手術となりました。後日談ですが、病院の医師から「もし歩いて下山させていたら、ヘリコプターでの搬送も難しくなり、いのちの危険もあっただろう」という報告を受けました。

この時の出来事は、医師としてすべての責任を負わなくてはいけないという意味でとても大きな経験でした。誰かに頼れる場所では責任を分担することはできますが、一人ですべての責任を負わなくてはいけない場面が必ず訪れます。この時、お祖父さんの一方的な主張に屈せず、自分の判断を信頼できたのは、相澤病院での救急当直の経験のおかげだったと思います。また、頭の中にある知識や情報だけではなく、自分の触覚をはじめとする五感を総動員しながら判断できたことも自信につながりました。

今となれば、お祖父さんの過剰な反応も孫を山に連れてきて、もしものことが起きてはいけない、と思ったがゆえのことだったのだろうと冷静に考えることができます。この時、人が過剰に他人を恫喝することは、不安や恐れを隠そうとする防衛反応なのだということも学びました。今でも医師として、重要な決断をしなくてはならない時には、2300mの山の中でたった一人で判断しなくてはいけなかった当時の風景がいつも思い出されるのです。

心臓に関心を持つきっかけになった落雷の症例

研修医時代には、登山中の落雷によってヘリコプターで搬送された症例も経験しました。患者さんの右肩から左足に蛇行するように黒い色素沈着があり、雷が貫通したことを物語っていました。落雷すると、1万分の1秒ほどの瞬間的な時間に大量の電流が体内を流れます。電流が心臓を貫くと即死する場合もありますが、やけどだけで済む場合もあるのです。

この患者さんも、やけど自体は軽傷でしたが、落雷が原因と思われる体内の電気異常によって、心電図モニターでは3日間不整脈が出続けていました。ちなみに、心臓自体も神経線維が電気パルスで信号を送ることで動いています。体内に大量の電気が流れたことで心臓内の電気システムに異常が起こっていましたが、痙攣などの脳神経の電気異常は起きてはいなかったので、頭には雷が貫通していなかったようです。

この患者さんがもし左肩から落雷していた場合には心臓（とくに左心室）を直撃し、心臓性突然死になっていた可能性もありました。しかし、落雷による高エネルギー損傷の身体への影響は大きく、登山時の記憶がなくなり、鼓膜も破れ、白内障となり、足の感覚異常も続いていました。入院中は、そうしたさまざまな合併症が判明し、その都度対応していましたが、その後この患者さんは、大きな後遺症を残すことなく無事に退院されました。

退院前に、「一時登山はお休みしようと思います。ただ、また楽しく登山がしたいです」とおっしゃっていたのが印象的でした。雷が直撃すると、その場で亡くなることのほうが多く、山での落雷の生存例はその後経験していません。この時、患者さんの心臓に起き続けていた不穏な不整脈が致死的な不整脈になると生命に関わるため、時間がある限り、集中治療室内で心電図モニターを観察し続けていました。実は朝から晩まで心電図を見ながら心臓の状態をイメージし続けていた体験が、後に心臓という臓器に親近感を持つきっかけの一つにもなりました。何がきっかけで人生の次の扉が開くのかは誰にも分からないものです。

山岳医療と循環器医療のあいだ

研修医は2年間の病院研修を終えると、専門領域を決めなくてはいけません。そもそもわたしは山岳医療の延長線上で救急医療を学びたいと思い、研修先として相澤病院を選びました。しかし、研修先や凋沢診療所では、登山中に心肺停止になり、いのちを失う患者さんにも多く遭遇したのです。さらに、先述の落雷の患者さんのように、たとえ状況が厳しくてもしっかりと適切な判断と対応を続けることで救えるいのちがあることも知りました。これらの経験から初期の心肺蘇生がいかに重要かということを痛感するようになり、循環器の基本をしっかりマスターできれば、登山者のいのちを守ることにつながるのではないか、と思うようになりました。

一方で、登山を生活の中心に据えるために、多忙ではない診療科を選ぶという選択肢も浮かびました。ほどほどに仕事をして、趣味の時間に没頭するといった自由な生き方にも憧れはありました。しかし、学生時代にできる限りの時間をすべて登山に費やしていたこともあり、執着せずに次に進むべきではないかとも感じていたのです。

ちなみに、わたしは徹底的に物事をやり尽くして、いつ死んでも後悔がないように生きたいと思っています。実際、どんなことでも気が済むまでやり尽くすと、その世界に未練がなくなるくらい清々しい気持ちになる時が訪れることを知っていました。幼少時には、親の目を盗んで毛布を被って夜通しゲームをしたり、目から血が出るのではないかと思うほど漫画の世界に熱中したり、先述のように、高校時代にはライバルがいなくなったりするぐらい将棋に熱中したりしました。自分が納得いくまで物事を突き詰めていくと、ある時を境に「これだけやったのだからもう次に進もう」という踏ん切りの気持ちが出てきて、さっぱりと物事を手放すことができるのです。そうした時は「次のステップへ進め」というメッセージだと思い、必ず新たな道を探すようにしていました。

そこで、医師としての専門は循環器を選びました。そして、専門的に狭く深く世界を追究していく職人や匠の世界への憧憬もあり、カテーテル手術を専門とすることにしました。カテーテル治療は0・3㎜の太さのワイヤーを使って、3㎜という極小の血管の治療を行うミクロな世界です。医療の原型とでも言うべき山岳医療のマクロな世界と、ミクロな循環器の世界の医療をつなぎ合わせることで、人間の世界をより深く探求できるのではないかと思ったのです。

山に恩返し

多忙を極める循環器、とくに緊急性の高いカテーテル手術を専門としたことで、山との関わり方がこれまで以上に変化せざるを得なくなりました。医師になってからは、まとまった休みを取ることは難しく、次第に登山に行く機会も減っていきましたが、涸沢診療所には、どんなに忙しくても必ず行くようにしていました。なぜなら、山に恩返しをしたい気持ちがあったからです。

第2章でお話ししたように、登山環境は山小屋で生活する人たちの日頃の努力によって維持されています。その結果として、わたしたちは山小屋に泊まることができ、快適な登山ができるのです。このような山小屋の生活を学生時代から見ていたわたしは、登山者であると同時に登山の場を守る側の視点も忘れてはならないと常々思ってきました。

しかし、山小屋ではあたかもホテルに泊まっているかのような理不尽な要求をする登山客をしばしば見かけます。山は万人に平等に開かれている一方で、各自が愛情を持って山に関わらなければ、とうてい場を維持することはできません。最近はお金さえ払えば、何をしてもよいという風潮を感じますが、山のような大自然の場では人間のエゴ中心の考えはふさわしくありません。登山者には、山を自然の中で日常の世界をとらえ直す場と考えてほしいと思っていました。

もし、山からいろいろなことを教えられた経験がある方は、ご自身が関われる範囲でよいので、山に何かしらの恩返しをしてみてください。例えば、山に落ちているゴミを拾う清掃登山も気持ちがいいものです。また、トイレを使う際に、いつもより多めにお金を払うなどといったことでも十分恩返しになっているのではないかと思います。

わたしの場合は、たまたま恩返しの形が山岳医療になっただけです。医師になってからのまとまった休みは、夏休みの1週間しかありませんでしたが、友達や家族と過ごす貴重な時間を削って山に恩返しすることが自分なりの礼儀だったのです。

点滴と登山

山への恩返しの一環で、2011年から涸沢診療所の所長と鉄門山岳部の監督を引き受けることにしました。涸沢診療所の所長の役割は、夏の期間限定で開所している診療所を適切に運営することです。それは診療所の開設届に始まり、物品の配置から医師や学生の配置まで多岐に渡ります。鉄門山岳部の監督としては、学生からリクエストがあれば、登山具の使い方から登山靴の紐の結び方、ザックへの道具の荷詰めの仕方、クライミングの技術や地図の見方に至るまで何でも教えていました。

鉄門山岳部では、山岳部の先輩が練習台となり、点滴の手技を学ぶ機会もつくっていました。わたしが山岳部に在籍していた当時はシュミレーター（人型の医療用模型）自体がなかったため、部員同士で腕に針を刺し合って練習していました。最初のうちは慣れていないこともあり、駆血帯を外さずに点滴針を抜き、血液が逆流して血だらけの大惨事になっていたことを思い出します。

指導役としてわたしが部員に点滴を教えることもありますが、その際には必ず「点滴を疎かにしてはいけない」と伝えるようにしています。なぜなら、点滴をうまく挿入できない医師は、患者さんから信頼されないからです。わたしの著作『いのちの居場所』（扶桑社）では、点滴をとるのが得意だったため、主治医でないわたしを点滴担当として指名し続けてくれた患者さんとのエピソードを書きました。これ以外にも点滴の技術によって助けられた経験が何度かあります。点滴の確保がうまくできたおかげで患者さんの家族や看護師からも信頼を得たこともありました。すべての対人関係の前提には信頼関係の構築があります。点滴のような医療の基礎となる技術こそが、信頼関係の構築に重要であることを何度も身をもって経験しました。病院によっては、看護師が点滴を担当する場合もありますが、医師であっても点滴の技術を身につけておけば、あらゆる場面で助けになります。

ちなみに、実際に先輩が後輩に指導している場面を見ると、点滴に対する考え方の違いが分かってきます。点滴を美しく、問題なく行える人もいれば、無神経に針をぶすぶす刺して、偶然点滴がとれているかのように振る舞う人もいます。これは手技を行う側のイマジネーションの問題もあるとは思いますが、実際に問われているのはディテールにどれだけこだわれるのかということではないでしょうか。神は細部に宿るように。

例えば、点滴を刺す場合、まず針を刺す角度にこだわります。針の先の角度をしっかりと観察して、どの角度で皮膚を刺せば皮膚が痛くないだろうか、と想像を巡らせながら、痛みが最小限になる角度を考えて探します。また、皮膚の表面には神経が走っているため、針で皮膚を貫く時間が短いほど痛みを感じにくくなります。そのため、皮膚を貫通する時は一瞬で、それでいて血管を貫通しないように針を血管で寸止めするようにしながら、血管の中へ滑らかに針を挿入するのが理想的です。

一方、針を刺す際は、自分自身の姿勢に無理がないかを考え、点滴後の患者さんの姿勢もイメージすることが大切です。さらに、針を刺した後に患者さんの手が動きやすいように、針位置がズレない刺入場所を考えます。そして、針を刺す前に患者さんの手を動かしてみて位置が問題ないかも確認してみます。その後、挿入した点滴針を皮膚にテープで固定しますが、患者さんの手が自由に自然に動かせるかを考えながら固定します。

単に点滴をするだけでもディテールにこだわれば、これだけ多くのテーマがあります。確かに点滴は血管に針が刺せれば成功です。しかし、苦痛が少なく、点滴をとった後も患者さんの姿勢や体勢に無理がかからないように気遣うことができれば、技術の向上につながり、ひいては知恵へと昇華されるはずです。

そういった意味では、登山も似た側面があります。山に登るという行為自体は誰にでもできるものかもしれません。しかし、ただ闇雲に頂上を目指して山に登るのは、点滴の針をただ刺せばいいという感覚と同じです。最終的な理想形をイメージしながら、どうやったらその境地に至ることができるのか、ディテールを緻密に積み上げていくことで、体験の質が深まります。登山に行くまでの準備をはじめ登山中のあらゆる行程で、考えるべきテーマは山のようにあります。山での一つひとつの細かいことを丁寧に考えながら、積み上げていくこと。そうした積み重ねの数々が山の経験を自分の知恵へと昇華させていくことにつながるのだと思います。

部員の行動に気づかされた医療の本質

涸沢診療所には、大がかりな医療設備はなく、基本的には応急処置をすることしかできません。そのため、対応が困難な場合は患者さん自身に下山してもらうか、ヘリコプターで搬送するしか選択肢がありません。ヘリコプターで搬送する場合も、荒天の場合には翌日になるケースもあり、患者さんには一晩だけでも苦痛に耐えてもらわなくてはいけないことがあります。そうした場合にわたしは、「資格や技術があっても道具がなければ、何もできないことは医師も学生も同じ立場。何もない状況でも、患者さんのために何ができるのか考えよう」と部員に提案していました。すると、部員たちは、自分たちができることはないか、と自発的に考え、行動し始めます。

例えば、ある部員は痛みで苦しんでいる患者さんの背中をさすってあげていました。また、手足が冷たくなっていることを察知して、お湯を沸かし、温かいタオルで包んであげた部員もいました。足の痛みで寝ることもままならない患者さんには、部員が交代しながら声を掛けて励まし、夜通しマッサージをしたこともありました。実際の医療現場では、医師は「キュア」の部分を、看護師は「ケア」の部分を役割分担してしまう場合がほとんどです。しかし、わたしは、医師もケアの部分を自分なりに考えて実践してみることから学ぶことが多いだろうと思っています。

一方で、わたしは、部員たちに「患者さんと話してみたらどう？」と提案することもあります。すると、普段は口下手で物静かな部員たちが、何を話せばよいのか分からない様子ながら、たどたどしい口調で最近登った山の話などを入口にして雑談を始めます。そうしているうちに、痛みで顔がこわばっていた患者さんの表情が徐々に和らいでいくのです。最初のうちは、会話をしてもしょうがないのではないか、と思っていた部員たちも会話がもたらす患者さんの変化に気づき、登山の話に熱が入ります。すると、部員たちは、自然と会話の内容を工夫するようになっていきます。わたしはこうした光景を見るたびにいつも医療の本質とは何かについて深く考えさせられます。

プリミティブな感情が発動する山岳医療という場

実はわたし自身も、重度の疾患を持つ患者さんが気心の知れた家族や友人といっしょにいたり、何気ない会話を交わしたりしているだけで、痛みや不安が和らいだり、回復したりしていった光景を何度も目の当たりにしてきました。これは、現在の医療現場を取り巻く科学的根拠を重視したＥＢＭ（根拠に基づく医療）とは全く異なる発想です。そこで問われているのは、治療技術や会話の巧拙ではなく、患者さんを大切に思う感情だけです。もちろん、医療技術の進歩が多くの恩恵をもたらしたことに疑いはありませんが、わたしは自分の経験からもコミュニケーションやケアによって患者さんの症状が好転することは多いだろうと思っています。

とはいえ、実際にはわたしたちは、さまざまな思いを抱えながらも、感情を適切に表現する場を持っていないことがほとんどです。現代人にとってそうした場所を見つけることはなかなか難しいことなのではないかと思います。そうして自分の中に秘められ、沈殿した感情は、いろいろなシーンで心の深い場所からわたしたちを惑わします。場合によっては病気の遠因になっていることさえあるのです。

そうした感情のメカニズムをつぶさに見ていくと、喜怒哀楽の中で、怒りが雑多な感情をすべて詰め込めるという意味で便利で使いやすいことが分かります。しかし、実際には「悲しみ」をうまく表現できず、怒りに置き換えているだけのことがあります。つまり、理想と現実のギャップから生じる悲しみや、人生が思い通りにいかない悲しみを、怒りとして誤魔化しているのです。

しかし、この怒りの底にある悲しみをうまく表現することができれば、自分と相手の心の交流の中で共感が生まれます。すると、その感情の底にある「喜び」や「楽しさ」といったポジティブな感情が自由に発動するスペースが生まれます。喜びや楽しさという感情は、怒りや悲しみで蓋をされてしまうと、うまく表現できないものです。そして、そうした感情を表現するためには、誰からも批判されることのない安心できる環境、安全な場が前提として必要になります。

わたしは、患者さんが安心して感情を表現できる場を整えることで、患者さん自身が喜怒哀楽と適切に折り合いをつける助けができると思っています。そうした環境を整えるだけでも、患者さんが不安や恐れに心のエネルギーを費やすのではなく、もっと未来に向けた建設的な課題に向かうことができるようになるはずです。安心して対話ができる場を設けることこそが医療現場に大切なことではないかと思います。

しかし、実際の医療現場で医師は、患者さんとのコミュニケーションやケアの大切さを学ぶ機会はほとんどありません。また、患者さんと触れ合う機会も決して多いとは言えず、本来もっとも大切なはずの患者さんを思う感情すらも複雑な医療システムの中で覆い隠されてしまうことさえあります。

その一方で、涸沢診療所には物理的にものがなく、救急車や病院といった医療システムもありません。そこにあるのは目の前の患者さんをどうにかして助けてあげたい、というプリミティブな感情だけです。医療システムがない山岳医療の場だからこそ、人間同士のコミュニケーションを深化させることができるのではないかと思います。

第4章

いのちの居場所軽井沢

医療現場への違和感とズレ

2009年から10年以上、東大病院の循環器内科に勤務してきました。東大病院では、国内有数の先端的な医療が行われており、専門的で緻密な仕事の数々を追究することはわたしにとって甘美で得難い経験でした。しかし、特定の専門分野に深く入り込んでいくにつれ、本来医療の場が果たすべきいのちの全体性を取り戻す役割が見過ごされているように感じられたのです。

わたし一人のいのちを考えてみても、無数のいのちの働きが重なり合っています。人のいのちは脳や心臓だけでできているわけではありません。血液が流れる血管、情報が伝わる神経、免疫細胞が移動するリンパ管、あらゆる身体の交通網が織りなすつながりの中で、肝臓や腎臓、腸などの臓器が結びつき合い、響き合っています。さらに、そうした臓器の塊をくわしく見てみると、より微小な細胞が集まって全体性の働きを織りなしていることが分かります。この神業《かみわざ》とでも言うべきいのちの全体的な働きによって、わたしたちは生かされるようにして、この日常を生きているのです。つまり、いのちの全体性こそがわたしたちの日常を運んでいるとも言えます。わたしたちは、そうした不可思議ないのちを備えて生きていますが、注意や関心によって対象にズームインし続けるという脳の性質ゆえに、関心がどうしても局所に向かいがちになり、いのちがそうした複雑な全体性の中で織りなされていることを忘れやすいのです。

例えば、心臓はほどよい食生活や運動、そして、快適な環境（これらは個人差がかなり大きいです）、腎臓や肺などの心臓以外の臓器との良好な関係性など、体内と対外を含めたあらゆる関係性が整った中で力を発揮できます。しかし、このうち一つが失われただけでも、心臓はバランスを崩してしまうのです。専門領域として心臓を選び、深く学んだことで、心臓がそれ以外のすべてのいのちの働きによって生かされていることが分かってきました。もちろん、脳や血管も同様の関係性で支えられていますが、わたしの場合、心臓を探求すればするほど、それを支える全体的な場そのものへの興味が広がっていきました。これは一人の人間に内在するいのちに関する話ですが、人間という種の集合体を考えてみても、人間はそれ以外のあらゆる存在から支えられています。やはり、人間を包む場が適切に働いていることで、人間が力を発揮できるということも同じ事情だと言えます。

そうした関心から、前著『いのちはのちのいのちへ——新しい医療のかたち——』（アノニマ・スタジオ）では、医療の場について考えるようになったことを書き記しました。わたしは「そこにいるだけで、体や心が満たされ、時には再生して生まれ変わったように感じられる場であれば、体や心にとって医療的な場」と言えるのではないか、と問いを立てました。すると、医療的な働きを持つ場であれば、必ずしも病院の枠内だけで発想する必要がないのではないか、という思いが次第に強くなっていきました。そして、心の奥底では現状の医療とわたしが目指す全体的な医療との間に大きなズレを感じるようになっていったのです。

愛の本質は距離

東日本大震災以降、都市生活の危うさにも不安を感じました。震災直後は、都市部のスーパーやコンビニエンスストアからすべての食品がなくなり、さらには、トイレットペーパーまでもなくなりました。わたしは群集不安がつくり出す社会の異常な心理状態に打ちのめされました。安定した日常が崩壊したことによる不安は、トイレットペーパーにまで結びつくのです。震災を経て東京に住んでいることに窮屈さを感じるようになり、さらに2017年に子供が産まれてからは、快適さよりも窮屈さのほうが勝るようになってきました。

東京の文化に憧れ、大学入学と同時に上京して以来、20年近く東京に住んできました。最初は東京という土地に多くのプラス面を感じていましたが、時とともにプラスとマイナスのバランスが少しずつ変化し、気づかないうちにマイナスのほうへとバランスが傾いたのです。実はわたしが人間関係や自然界との関係性の中でいつも心掛けていることがあります。それは「愛の本質は距離」ということです。

多くの場合、人間関係や物事が嫌になるとその対象に目を向けがちになります。相手が悪い、相手がいなくなればいい、相手が変わればすべては解決する、と思ってしまうのです。しかし、もしその相手が実際に目の前からいなくなったとしても、また別の場面で別の相手と同じような問題に巻き込まれてしまうことがしばしばあります。それなら自分が変われば解決するのではないか、と考えて、自己啓発本を読んでみたり、ポジティブシンキングをしてみようと努力をしたりします。これによって短期的な効果を上げることもあるかもしれませんが、やはり長続きはしないのではないでしょうか。

相手の考えや行動が変わることが難しいのと同様に、自分自身の考えや行動を変えることもまた難しいのです。そうして相手の問題なのか、自分の問題なのか、と心理的な葛藤を繰り返していた時、ふと嫌になった対象との距離が近過ぎることが原因なのではないか、と思うに至りました。つまり、距離が近過ぎるからこそ「嫌い」になっているだけであり、距離を離していくと、ほどよい塩梅のところで「好き」と感じられる距離感があるはずなのです。

東京を好きになれる距離まで離れる

このように、対象と距離を離してみるだけでも、「嫌い」になったり、「好き」になったりする自分の不思議な感情の変化を観察していても、愛の本質は距離なのだ、という確信を増していきました。つまり、自分や相手に問題があると考えるよりも、ほどよい距離をとることこそが、お互いのことを好意的に感じられるようになるための方法の一つなのです。わたしはそうした距離感を大切にすることこそが、あらゆる人間関係が複雑に織りなす社会を生きていくうえで、重要なことだと気づきました。

そこで、東京を好きになれる距離まで離れてみようと決心しました。そうした中で、軽井沢を旅行した時に、自然界と人工界との距離感が絶妙で身体が喜んでいることを実感しました。また、軽井沢から雄大な浅間山（標高2568m）が見え、山に見守られているような距離感も気に入りました。直感的にも身体感覚でもこの土地に住みたいと感じているように思いました。その後、感覚だけで判断すると間違うこともあるだろう、という自分の中での冷静な理性の呼び掛けがあり、直感と理性を対話させることにしました。

まず、わたしたち家族が一番切望していたのは、子供が伸び伸びと自由に成長できる環境でした。つまり、大声で叫びたい時は叫び、走りたいと思ったら走れるような、子供の生命力を自由に発動でき、その能力を最大限に発揮できる場を求めていたのです。さらに主語を「わたし」ではなく、「わたしたち家族」もしくは「1歳の子供」としてどういう場を求めているのか、再度検証し直してみることにしました。そうして最初のきっかけとなった「東京を好きだ」と感じられる適切な距離を改めて探っていく中で、最終的に軽井沢に移住することを決めました。その決断をした瞬間に直感と理性が仲良く握手したと言えます。

そして、軽井沢に住むのなら地域の健康や幸福に貢献したいと思い、2020年3月11日に軽井沢に移住し、軽井沢病院の職員として地域の健康を守る道を選びました。偶然にもわたしが都市生活に危うさを感じた東日本大震災と同じ日のことでした。

治す場と治る場

軽井沢は避暑地、別荘地として全国的にも有名ですが、保養地としても知られています。保養地には「心身を休ませて健康を養い保つ場」という意味があり、都市生活によって疲弊したわたしたちの心身の全体性を取り戻す役割があると言えます。医療職を職業として選択した時にはうまく言語化できなかったのですが、今思い返してみると「病気」のことではなく、「健康」のことを探求したいと思っていたのだと気づきました。ちなみに、わたしは健康になれる場として病院があると思っています。さらに言えば、暮らしている町自体が健康になれる場であれば、日々の暮らしが幸福になるのではないかとも思っています。

そうした意味でも、軽井沢には、新しい医療の場としての可能性があるのではないかと感じています。なぜなら、医療の場が目指すべき究極の形は、「自然に治癒が起こる場」を創造することだと思うからです。保養地とは、まさに「ただいるだけで元気になる場」を人が追い求めて辿り着いた一つの答えではないかと思います。一方で、これまでの医療は「治す場」であることに特化し過ぎてきたように思います。今後は「治る場」も創造していく必要があるのではないかと感じています（「治す」と「治る」は文字が一文字違うだけですが、主体も意味も全く異なるのですから不思議なものです）。

ちなみに、治す場は、専門的な技術を持った人が治療を行う場ですが、他者の知識や技術に依存し過ぎることに欠点があります。それに対して、治る場は「自然に治癒が起こる場、誰もが生まれながらに持っている自然治癒力が最大限に発揮される場」を、もう一度発見していくことを指します。もちろん、わたしはいずれかの優劣を述べたいわけではありません。治す場と治る場が共存しながら、ともに場を生かし合う関係性を構築していく必要があると思っています。そして、治る場を再発見していくことは、保養地を新しい視点で見つめ直すことでもあります。

いのちを中心にした軽井沢の街づくり

軽井沢の保養地としての歴史は、明治時代にカナダ人宣教師のアレキサンダー・クロフト・ショーが軽井沢を訪れたことに始まります。ショーが軽井沢の美しい自然に感動し、出身地のカナダと気候的にも似ていたことから、別荘地をつくって住み始めたことが保養地としてのルーツとされています。また、軽井沢はキリスト教の清貧の思想に影響を受け、「自然保護対策要綱」という法的拘束力を持たない約束を遵守しています。あくまでも守るべき約束として住民の間で大切にされてきたのがとても興味深いところです。例えば、自然保護の観点から一区画の敷地の広さや建物の高さ、建ぺい率や容積率に始まり、家の塀は基本的にはつくらないことなどの詳細も決まっています。こうした考え方は、わたしたちが暮らす土地を人間だけでなく、動物や自然なども中心に据えたあらゆる「いのちの居場所」として保つ工夫と言えるのではないでしょうか。

地球上には人間以外にもさまざまな生きものがいます。鳥の居場所は高い木であり、細菌や虫の居場所は土の中です。そうした多様な生きものの居場所を考えるようにして、自然保護対策要綱が存在していることに感銘を受けました。この街では自然への礼節を保ちながら、人間界のルールをつくり、自然と人間の間の心地よい距離と適切なバランスを維持し続けているのです。法律ではないため、罰則はありませんが、あえてそうしたゆるやかな約束ごとを守ってきたことに対し、強い哲学を感じました。

こうして軽井沢独自のルールは、住まいだけでなく、景観や街並みをつくり、軽井沢はただいるだけで心身が休まる保有地として発展していきました。ショーは、そうした軽井沢という場が持つポテンシャルに気づいていたのか、「軽井沢は屋根のない病院のようだ」と表現しました。まさに軽井沢はわたしが理想としていた医療の場でした。しかも、こうした町並みの変化は明治時代から始まり、自然保護対策要綱が明文化されたのも1970年代のことです。今からほんの140年しか経っていません。

祖父母から孫へと受け継ぐような感覚で、こうした町並みや暮らしが維持されていることを考えると、わたしたちも今から取り組んでみようという気持ちが湧いてくるのではないでしょうか。自然を損なわないようにしながら、そして、自然界のいのちの居場所を維持しながら、人間たちが暮らす居場所をつくることは、決して夢物語ではありません。これは今からでも真剣に取り組むべき、人類の切迫した課題だと思っています。

人工的な社会と自然界のバランス

第2章でお話ししたように、大学生の頃のわたしは山の魔力に取り憑かれたかのように、登山三昧の日々でした。朝から晩まで山のことを考え、夢の中でも登山やクライミングをしていたほどです。おそらく、わたしを全身全霊で受け止めてくれる場や空間を本能的に求めていたのでしょう。すべてをありのまま引き受けて受け止めてくれた存在が、わたしにとっての山でした。

わたしは、登山という行為を介して山や森からあらゆることを学びとってきたこともあり、以前から人工的な社会で知識を得ること以上に自然から学ぶことのほうが大切だと思っていました。また、移住したことをきっかけに軽井沢では人間とあらゆる生物が共生していることを知りました。そうした中で、軽井沢の持つ都市と自然の絶妙な調和に感動し、改めて人工的な社会と自然界とのバランスについて真剣に考えるようになりました。

自然界を観察していると、風や光、岩や雪、植物や水などのあらゆる要素が完璧な関係性の中で循環を繰り返していることに気づきます。そうしたサイクルの中で植物や虫や動物たちは自然を損なわないように住んでいます。しかし、人間が自然の中に住み始めると、自然を損なうことにつながる場合があります。例えば、一人、二人、三人、と住む人が増えていくにつれて、共同体を維持するために住まいや道が必要となります。また、トイレやゴミを処理する場なども必要となるので、人間の都合でいろいろなものを準備すればするほど、少しずつ自然界の調和は崩れていきます。

ちなみに、自然界は多少のバランスの崩れであれば、復元し、維持する力を持っているので、重大なダメージを負うことはありません。ただし、人間の数が数千人、数万人という規模に膨れ上がると、自然のバランスは簡単には戻らなくなります。さらに、人間は一人ひとりよりも群集になった時のほうが、自然界を壊していても加害者意識は薄まっていきます。そして、都市部で生まれ育った場合には、そもそも自然界があった、という前提すら忘れてしまうことになります。こうして自然界は大きな変化といううねりの中で、新しい平衡状態へと移行していきます。

また、人間は快適に生活するために、電気、ガス、水道、通信環境、道路など、ライフラインとしての人工物を一つひとつつくり上げていきました。それらの関係性は更新され続け、複雑さを増しています。このように現代では、人工的な世界が生活の中の大部分を占めるようになりました。こうした事実と真剣に向き合う中で、わたしは自然だけでなく、人間自身もバランスを崩しているのではないか、と切実に感じるようになりました。なぜなら、人体は自然界がつくり上げた自然物そのものだからです。学生時代に山がわたしを受け入れてくれたように、誰に対しても中立な存在である自然を人間の営

みの中心に据えることこそが
今の時代に必要なのではない
かと思います。

子供の感性を尊重する教育

東京から軽井沢に移住する際に一番重視したのが子供への教育でした。わたしが山から多くの学びを得たように、子供たちには教育の場で人工的な社会に適応していくことを覚えるよりも大自然から多くのことを学びとってほしいと感じていました。

わたしは周囲の環境の大部分が自然だった時代では、倫理や哲学、経済や法律などをはじめとする人工的な社会のルールを学校で学ぶことが、人間関係を円滑に進めるためにも、暮らしやすい環境をつくるうえでも、極めて重要だったであろうと考えています。例えば、江戸時代の寺子屋では、論語の素読などを通して仁・義・礼・智・信を学んでいました。これは、自然界を相手に生きていた人間が、強固な人工界をつくっていく過程の中で習得すべき必須の倫理や道徳だったと言えます。

しかし、今はその関係が逆転しています。人工物が飽和した現代で子供たちが学校で学ぶべきなのは、自然界のルールの一部として人間界のルールがあることや人間も自然界を構成する一部であることなどではないかと思います。ちなみに、人間界のルールは憲法や法律などで明文化されていますが、自然界のルールは文字になっていません。したがって、自然界の理《ことわり》を学ぶには個人が体得するしか方法がないのです。

そうした教育の場において、教師は単なる媒介役でしかありません。一人の人間が一対一で大自然と対峙して、そこから何を学びとることができるのか。それぞれの子供の感性で感じとる機会を邪魔しないことこそが、周囲の大人の役割だろうと思います。人にはそれぞれのリズムとテンポがあり、学習や発達のスピードも異なります。成長スピードが速いか遅いかに惑わされず、学びながら変化し、成長していくことを一生かけて行うことが人生なのではないかと思います。そういった意味では、教師や保護者などの大人たちも大自然の場に包まれながら、自然の中で生きていくことの厳しさと喜びを感じられるような教育の場が必要なのではないでしょうか。

もちろん、教育において完璧な場は存在しません。この学校に行けばすべてが解決する、ということはあり得ません。しかし、わたしは一人ひとりが独立した個人であることを尊重しながら、自然界からあらゆることを体験として学び続ける場が必要だと思っていました。わたしは移住に際し、そうした子供と大人が互いに学び、成長できる場を探すことにしました。

森のようちえんと軽井沢風越学園

わたしは1950年頃に北欧で始まったとされる「森のようちえん」「野外保育」の動きに注目していました。ちなみに、森のようちえんとは、広い意味での自然環境の中での幼児教育を言います。最近では、こうした活動が日本各地でも実践されるようになりましたが、とくに型はなく、それぞれの土地の自然環境に応じた多様なスタイルがあります。ちなみにNPO法人「森のようちえん全国ネットワーク連盟」に登録されている場所は約300施設となっています（2022年1月）。

そうした中でわたしの関心を引いたのが軽井沢風越学園です。この学校は森や自然界を中心とした学びの場を提唱していました。ちなみに、軽井沢風越学園は2020年に開校した幼稚園、小学校、中学校12年間の一貫校です。理事長である本城愼之介さんは、楽天創業メンバーで副社長を務めた方です。わたしは、教育界の外にいた本城さんが教育の前提をゼロから考え直して新しい挑戦をする場として注目していました。

本城さんは、「同じ軽井沢にある『森のようちえん ぴっぴ』の野外教育に衝撃を受けた」と言います。1月の軽井沢は、マイナス10度近くになる日も多いのですが、この施設では2~3歳の子供たちが雪積もる野外の森で遊びながら、焼きおにぎりを焚き火で温めて食べたりします。焚き火の前でも、スタッフは過剰な干渉をしません。安心して失敗できる環境を整えながら、自分で考える力を育てているのです。そうした危険に思える状況でも、保護者とスタッフがしっかりと信頼関係を構築できていることに衝撃を受けたと、本城さんはインタビュー記事の中でおっしゃっていました。本城さんは森のようちえんぴっぴで実際に働きながら、教育の在り方を自分自身で学ばれました。そして、「こうした活動を幼稚園だけでなく、義務教育にまで広げることができないか」と考え、軽井沢風越学園を設立されました。

わたしは、軽井沢風越学園が人間の本質的な学びに挑戦しようとしている学びの場であると感じました。既存のカリキュラムはなく、子供が自然の中で経験したすべてが結果的にカリキュラムになること。そして、教室ではなく、森をライブラリー、ラボと見立て、多様な解釈しながら子供たちが集い、それぞれが世界を探求し発見しながら、「わたし」の総体を内在的に自立的につくっていくこと。「どんな子供も幸せな子供時代を過ごしてほしい。遊びが学びへとつながっていく、人間の自然な育ちを大切にした学校をつくりたい」という軽井沢風越学園の活動をわたしは教育の原点回帰であり、同時に螺旋運動をしながらの前進であると受け取りました。さらに、風越学園の教育は子供の未来につながるだけでなく、わたしたち大人にとっても自然界と新しい関係性を結び直すための重要な再教育の機会を得られる場だと感じました。軽井沢に風越学園があったこともわたしの移住の決断の大きな後押しになりました。

第5章

山と芸術《アート》

浅い感情と深い感情

人間は、実際の現実と自分が求めている理想にギャップがある時、現実をなかなか受け入れることができません。加えて、その葛藤から解放されたいがために、マイナスのレッテルを貼って抑圧という形で無意識の世界に押しやり、見て見ぬふりをしてしまいがちです。なぜ、こうしたことが起きるかというと、頭の一部の場所だけを使って物事を判断しやり過ごす習慣に慣れてしまっているからです。

これをわたしは「浅い感情」と呼んでいます。浅い感情が働かなくなるような深い無意識の中へと感情を押しやって見えなくすることを心理学の用語で「影」と言います。心の中で行き場がなくなった影は、心身が全体性を取り戻そうとするプロセスの中で、時間の経過とともに心身の問題としてフィードバックされてしまいます。では、こうした心身の問題を根本的に解決するためにはどうすればよいのでしょうか。

物事には必ずプラスとマイナスの側面があります。物事の本質を見極めるためには、心の深い場所まで巻き込みながら、ありのままの現象を受け入れる必要があります。これをわたしは「深い感情」と呼んでいます。したがって、心身の問題を根本的に解決するためには、心の中に生じた葛藤を浅い感情で判断し処理するのではなく、深い感情を巻き込みながら物事をとらえ、俯瞰した視点を獲得することこそが大切です。

とはいえ、わたしたちは社会生活の中で、固定観念という浅い感情でつくられたフィルターを通して物事を見る癖がついてしまっているので、この癖から抜け出すのは容易なことではありません。わたしたちにとって一番難しい課題は、習慣や癖のようになっているライフスタイルそのものを改変することなのです。

そこで、わたしは登山によって自分の中にある固定観念を壊すリセット作業を意識的に行っていました。心身が疲れ果ててくると、浅い感情が自動的に削ぎ落とされてきます。すると、「欲望」ではない「欲求」や、子供の頃の感覚など、自分の心の深い場にあるオリジナルな感情に触れることができるようになります。わたしは登山を通して未知でありながら懐かしい深い感情に触れる喜びを再発見しました。

わたしたちは日常の些末なことばかりに追われてしまうと、浅い感情を右から左に受け流すだけでその場をやり過ごすことになってしまいます。しかし、それでは厳しい自然界の中では太刀打ちできません。むしろ、自然界に全身を浸すようにして全力を発揮するようになると、仏教で言う心身脱落のようなプロセスの中で、浅い感情ではない深い感情が発動することになります。すると、人と自然とが裸一貫でぶつかり合うような状況を体験できます。

わたしは深い感情の中にこそ、自分のいのちの熱源であり、光源ともなる宝が隠れていると考えています。そうした長く日が当たらず影となっている深い場に光を当てるためには、非日常に近い状況に心身のモードを改変させる必要があるようです。それだけ、わたしたちの身心は惰性的に日常をこなすことに慣れ過ぎているのです。そうした心身の習慣をリセットさせて初期化させるような行為のことを、昔の人は稽古や修行という名で呼び、自らを見つめ直していたのでしょう。登山は素の自分自身に出会い直す行為ともつながっているのです。

芸術の起源

山は優しいだけではなく、厳しく恐ろしい面も併せ持っています。そうした一見矛盾したものが調和するように同居している山や森は、わたしたちが働き掛ければ働き掛けるほど、出し惜しみせず、自然界の奥深くに存在している不可視のルールや法則などを開示してくれます。その一方で、山をはじめとする自然は、その場にいるだけで無条件に身体や心が満たされる感覚があります。そして、わたしは水や氷、植物や動物などの自然物に溢れた場所には、完全無欠な美の世界があると感じていました。自然界に潜む荘厳かつ神秘的な美を発見するためには、人間は自らの足で赴く必要があるのかもしれません。

しかし、自然界の美は意識して出会うことができるものではありません。むしろ登山中に不意に遭遇することが多いように感じます。宇宙からやってくる光と悠久な時が彫刻した地球の風景が結びついた時に、自然界が織りなす深い美の体験がやってくるのです。そうした自然体験は心身を浄化するだけではなく、わたしたちの深い感情に働き掛け、新しい風を起こすようにして魂を目覚めさせます。こうした鮮烈な美の体験は時に魂を貫くことさえあるのです。

一方で、自然と比較すると、人間がつくった人工的な世界は、あくまでも人間の枠組みから生じるため、一度壊れてしまうと自動的には修復や復元がされないなどといった不完全な点が多々あることに気づきます。ちなみに、わたしは、芸術が誕生した背景には我々の祖先が自然を壊して人工的な空間を次々とつくっていく中で、自然が織りなす複雑な調和からなる美の世界の一部を壊してしまったことに関係しているのではないかと思っています。人間は自然界で生き抜くために人工的な世界をつくらざるを得ませんでしたが、同時にそれは調和のとれた自然界の不均衡や破綻をもたらす要因でもあったのです。このように人間がつくった世界が不完全だからこそ、人類が美や芸術を必要としてきたのではないかと思います。それはあたかも人間界の崩れたバランスを修復しようとする治癒行為のようなものではないでしょうか。

死の疑似体験

医療現場では、生だけでなく多くの死に遭遇します。すると、わたしたちのいのちが死と隣り合わせになっており、生きているという状態が続いていることがどれだけ尊いことなのかを常に認識させられます。濃密な生とは、死の気配を感じながら生きるということなのです。例えば、綱引きは、綱が止まっているように見えても両方向から引っ張っているので、そこには強いエネルギーが内包されています。相反する力がせめぎ合うことで、その力は潜在的なエネルギーとして蓄えられるのです。

いのちの力も同じような側面があります。生と死の力、それは創造と破壊の力と言い換えてもよいのかもしれませんが、そうした相反する力によっていのちは常に新しく再生しているとも言えます。つまり、いのちは生と死が一体となることで成立している全体的な力の場であり、そのバランスは絶妙に保たれ続けているのです。これは自然界を貫くルールとでも言うべきものです。そうしたことを認識するだけでも与えられた生を濃密に生きることができるのではないでしょうか。しかし、わたしたちは生の世界の中だけで物事を考える傾向にあるため、なかなか死の世界を感じることができません。そうした時に大切になるのが、意識的に死の立場から生を見ようとする態度や体験です。よく死を意識するような経験をすると人は考え方が変わると言います。これはまさに真実だと思います。とはいえ、できれば大病はしたくないものですし、日常の中で意図的にそうした状況をつくり出すのは難しいのではないでしょうか。

そこで、わたしが意識的に行っているのが、日常の中で「死の疑似体験」を取り入れるということです。先述の通り、学生時代にわたしは登山に熱中していましたが、その時に感じていた魅力の一つとして、死の危険と隣り合わせの中で、自分の持てる力をすべて引き出すということがありました。当時は意識していませんでしたが、後年医師になり、多くの死に遭遇する中で、いのちの力を再確認し、死を疑似体験するために登山をしていたことに気づきました。ちなみに、人は時に「死にたい」と口にすることもありますが、これは死を意識することで「生きる力」を再確認しようとしている時期なのだと思います。医師になり山と接する機会は減少していきましたが、わたしは意識的に死を疑似体験する方法を自分なりに模索していきました。その中で出会ったのが山岳信仰や修験道の考え方です。

修験道の根底に流れるもの

医師になり、登山から離れたことで山を違った側面から見るようになりました。山の歴史や文化について調べる中で、とくにわたしの興味を引いたのが日本の原始宗教としての山岳信仰や修験道です。修験道とは、森羅万象にいのちが宿ると考える古神道に、山岳信仰や仏教、密教などが複雑に合わさった日本独特の信仰です。特定の経典はなく、日本各地の霊山での修行による体験知が基礎になります。そうして得た力を自利としての悟りや、利他としての救済へと向ける実践的な宗教です。

ちなみに、こうした修験道の独自の宗教観や生命感が育まれた背景には、民衆が山や谷といった起伏に富んだ厳しい環境で生き抜いていく必要があった日本の自然環境が関係しているのではないか、とわたしは思っています。さらに、そうした過酷な環境の中で生き抜いてきた祖先たちが、自然や森からもたらされた幸《さち》に感謝し、それによっていのちが生かされていることを経験知として集積してきたこともこれらの信仰が始まったきっかけなのではないか、と思います。つまり、信仰や宗教の原点には、民衆が与えられたいのちを生き抜いてきた智恵や叡智の結晶が込められていると思うのです。

修験道には、死と再生の儀式があります。修験道の山行では、行者は白装束を着ることで死者となり、山を霊界または母親の胎内と見立てています。そして、行者は山中を巡って修行し、いったん死んで生まれ変わるという死と再生の疑似体験をします。例えば、このことを象徴する行として「胎内くぐり」があります。修験道は、洞窟を母親の胎内（霊界）への入口と考えていますが、この行では狭いクレバス（氷河や雪渓にできた深い割れ目）を通過することで、肉体と魂を浄化し、母の胎内からまた生まれ変わってくる、という疑似体験をします。

さらに、修験道ではそうした山での強烈な体験の数々を忘れないために、日々の生活でも「死に習う」ことの大切さが説かれます。例えば、食事は生きもののいのちを頂く行為です。そして、意識の活動が一時的に途切れる眠りもまさに死の疑似体験のようなものです。修験道では、このような日々の生活の中で「死」を意識することによって、普段使われていない「いのちの力」を引き出すことの大切さを説いています。

これは貴重で尊いこの一日一日を当たり前だと思わず、敬意をもって過ごすための知恵でもあると思います。こうした修験道の世界や知恵を知った時、わたしが登山で追い求めているものに近いのではないかと思い、驚きました。もちろん山や自然は美しいものですが、雨や雪などといった天候の条件が変わるだけでも一気に死の風景に様変わりします。山のように人工物がほとんどない場では、そうした自然界の美しさと恐ろしさが常に露出しているのです。

登山を真剣に行っていると、自然界で生きること自体が、本来は死の危険と隣り合わせであったことを思い出させます。別の言い方をすれば、死の危険や不条理を逃れようとして、わたしたち人類は脳化社会としての都市をつくってきたのかもしれません。つまり、都市は人間が脳の中で考えたものを外在化させてつくったものであり、人工物はすべて脳が生み出した産物だと言えます。

そうした少しでも快適な生活を営もうとする人類の努力には最大限の敬意を払う必要はありますが、多くのものを得た反面、自然本来が持ついのちの実相が見えなくなってしまっていることも事実です。わたしたちが生きる喜びや生命の躍動を感じるためにも、彼岸（あの世）の視点から此岸（この世）を見る場が必要なのではないかと思います。

東日本大震災で出会った能楽

修験道の行者が山で生死をさまよう強烈な体験をしたように、わたしの死生観に大きな影響を与えたのが、2011年3月11日の東日本大震災です。現地の映像を見ながら、「医療者として少しでもできることはないか」という想いに駆られたわたしは、医療ボランティアとして現地に行くことにしました。実際に現地に赴くと、多くの死者がいて、ご遺体を安置する場すらない状態でした。必要な医療器具もない中で、多くの医療従事者たちは自分に何ができるのか、と大きな問いを突きつけられていました。そこで、わたしはものや場所がなくてもできることをやろうと思い、被災者の方々に寄り添って話を聞いたり、時には無力にも感じられる言葉をつむいだりしながら、震災で生じた心の重みを少しでも分かち合おうとしました。

そうした中で、地鳴りのような声で言葉とも呪文とも判別できない唄を歌う方がいました。この時、その言葉の意味が分からなくとも、声の響きだけで身体から何かが剝ぎ落とされていくのを感じました。わたしは自分の心に残っていたしこりや重みなどからも解放されて、物理的にも心身が軽くなるような不思議な感覚に襲われたのです。そこで、その方に声を掛けると、「普段は能楽師をしています。一般のボランティアとして参加しましたが、鎮魂の芸能である能楽に携わる身として何かできないかと思い、ただただ謡曲を謡い、祈り弔うことでもできればと思いました」と、あくまでも謙虚な姿勢でした。

医療行為という枠内で物事を考えることに限界を感じていたわたしは、この出来事がきっかけで日本の古典芸能である能楽に深く興味を持つようになりました。先述の通り、修験道には経典がないため、体験によって全身で学ぶ必要があります。能楽に関しても、肉体を介した稽古を通して学ぶほかなく、修験道と同様に身体の内部に染み込んでいくような体験が得られるのではないか、と思ったのです。

生と死が入り混じる能舞台

実際、能楽の稽古はあらゆる面で学びがありました（被災地でのご縁から、観世流、梅若派に入門）。稽古は能楽師の先生と一対一で向かい合って行います。時には正座で膝を突き合わせ、とにかく先生が行うことを真似しながら、自分自身が発見するようにして学んでいきます。

ちなみに、能楽の特徴として特筆すべきなのが、死者が主役であるということです。そうした基本構造を持つ芸能は、世界的に見ても例がありません。ちなみに、能を演じる能舞台にもさまざまな演出が施され、あの世とこの世をつなぐあらゆるメタファーがちりばめられた特殊な空間が形づくられています。例えば、「鏡の間」と言われる舞台袖の部分から、「橋掛かり」という長い橋が飛び出ていますが、この橋を渡ると死の世界に辿り着きます。そして、その橋自体が舞台に接続していることによって、かろうじて生の世界とつながっていることになります。つまり、舞台空間の中で生と死のあわいが感じられるようになっているのです。

一方、能楽師は、能舞台で死者を中心にした演目を展開します。能楽の典型的な筋書きは、生者が川や井戸など、ある特定の場に行き、そこで不思議な人物と出会うことに始まります。そして、演目が進んでいくにつれて、その人物が死者であることが判明します。

また、能楽は死者が登場する状況をつくるため、特別な場の設定を必要とします。能楽の演目中には、四拍子《しびょうし》（笛〈能管〉、小鼓、大鼓〈大皮〉、太鼓）からなる囃子方《はやしかた》によって音楽が演奏されます。これは心地よい音楽を奏でるためではなく、特殊なリズムや音の強弱によって、能楽堂の空間を満たす役割があります。その音楽を聞いているうちに、観客は意識の状態に変容が生じます。そして、眠りと目覚めが合わさったようなあわいと言われる意識の状況へと誘われるのです。

起きているようで眠っている、眠っているようで起きている。こうした特殊な意識の状態では、時間と空間の構造が崩れていきます。すると、場が変容し、生と死が入り混じる空間が準備されます。つまり、能舞台の観客自体が、場を調整する役割さえも担っているのです。こうして死者が登場する素地が整った特殊な空間で観客は死者の言葉を受け取ることになります。

死者は、能楽師の身体を借りながら、死の世界から言葉を発します。その言葉は生と死をつなぐ役割を持っており、謡い（音や言葉）や仕舞い（身体の動き）によって死者から生者へと伝言されます。ちなみに、能楽では死者から言葉を受け取る行為自体が鎮魂になります。わたしは「死者からメッセージを受け取ること。それはいのちを受け取ることであり、その行為こそが鎮魂なのだ」と能楽から学びました。このことは、わたしが臨床医として働きながら、死者を看取る際にいつも感じることです。

この世からの別れの時、意識は生と死のまだら模様となり、生と死を行き来します。そうした時に人は生者に重要なメッセージを託そうとします。もちろん、それは家族に対して行われる場合もあれば、臨死の現場に遭遇している医療従事者に託される場合もあります。いずれにしても死者と対峙する生者が、生と死の間をつなぐ重要な結び手となります。これは具体的な要求というよりも、その場で生きることのバトンを渡されるようなものです。それは消えかかるいのちの灯の分与を意味し、たとえ、死者の灯はこの世界から消えたように見えても、別の生者のいのちの中で灯され続けるのです。わたしなりの解釈での鎮魂とは、「生者が死者の代わりにいのちを受け継ぎ、そのことを自覚しながら与えられた生を生きていく」ということではないかと思っています。

失われた全体性を取り戻すための「術《アート》」

医師として臨床に追われる中で、学生時代に青春を賭けていた登山から距離を置くようになりました。しかし、そのことがきっかけで修験道や能楽、そして芸術の世界に触れる機会を得ることができるようになりました。すると、わたしの中に創造の源泉とでも言うべき新たな空白が生まれたのです。

わたしは以前から登山を介して自然界に完璧な美の顕現を感じ取ってきましたが、不完全な人間界においても人間なりの誇るべき美を創造する必要があるのではないか、とも常々思っていました。そうして思いを巡らせた結果、生と死が混ざり合ういのちの力が発動する医療の場にこそ芸術が必要ではないかと考えるようになりました。つまり、医療の現場で死をリアルに感じさせることは、患者さんにとって劇薬になってしまうこともあるため、医療を芸術という衣をまとった良薬へと変容させようと考えました。

実際、臨床に携わり続けていると、病気の診断と治療に特化し過ぎてしまうので、いのちの全体性を見失いやすくなります。そういった状況を以前から見ていたわたしは、病院が患者さんやスタッフのいのちが躍動する場になってほしいと思っていました。そこで、病院では先述の登山のような形で深い感情を呼びさますのは難しいので芸術の手法を応用しようというアイデアが浮かびました。具体的には病院という空間を美術作品がもたらす美で変容させることによって、患者さんだけでなく病院に関わるすべての人たちの深い感情に働き掛け、生きる力を引き出せないか、と考えました。ちなみに、芸術によって場を変容させるというアイデアは、能楽やアート作品からインスピレーションを受けました。今振り返ると、医療と芸術をつなげるというわたしの後の活動の源泉は、登山の体験なくしてはあり得なかったことだと思います。

実は、美術や芸術だけでなく、医術も技術も「術《アート》」の一種と言えます。これらに共通して問われていることは、術をどのように使うかです。術をどのように応用するのかは、各個人の倫理に委ねられています。人の魂を損なうのか、それとも人の魂を救えるのか、それは術の使い方次第です。つまり、術が人の魂を救うという意味においては、人間が失ってしまった全体性を取り戻すために、術を授かっているとも言えるのではないでしょうか。

美術館は心の病院

医療にアートを応用して場を変容させるという発想において、能楽以外にわたしに大きな影響を与えたのが画家の猪熊弦一郎です。猪熊は、晩年に女性の顔がたくさん描かれた絵を描いています。わたしは、この不思議な図案を見た時、妻に先立たれた猪熊が、頭の中に溢れ出てきた愛する人の顔の像を永遠の相に位置付けるようにして描いた作品なのだろう、と感じました。猪熊の絵から深い愛と悲しみを感じ取ったわたしは、彼のいのちが自分の中に入り込んだような気がしました。それ以来、猪熊の絵を熱心に見るようになっていったのです。

彼は生前「美術館は心の病院」という言葉を残し、1991年にMIMOCA（丸亀市猪熊弦一郎現代美術館）を創り、2年後の1993年に亡くなりました。彼が遺作として残した美術館という場や空間は、わたしに何を語り掛けているのだろうか？ わたしは死者から託された宿題として、自分なりに考えるようになりました。

美術館は心の病院……。わたしも全く同じ思いでした。わたしは芸術の中に医療が含まれているイメージを持っています。だからこそ、病院の中に美術館があるのではなく、美術館の中に病院があるという未来を見ているのです。語順を入れ替えるだけでも全くイメージが異なることがお分かり頂けるのではないかと思います。また、猪熊の発想の素晴らしい点は、ＭＩＭＯＣＡが子供は入場無料であることです。子供は感受性が鋭く、すべての感覚が開かれています。子供の感性が芸術へと開かれていれば、芸術に興味がない大人も学ぶ必要が出てくることでしょう。

山といういのちがけの場でつくられた芸術祭

2020年、2022年には、山形ビエンナーレの芸術監督を拝命しました。実はそのきっかけをつくったのは猪熊です。MIMOCAのシンポジウムで、中山ダイスケさん（東北芸術工科大学学長）から、「ともに山形ビエンナーレを創りませんか」と声を掛けて頂きました。この時、猪熊への想いと、わたしが山で受け取った自然への感謝の想いを芸術祭の中に畳み込むようにして捧げようと思いました。

山形ビエンナーレのテーマは「山のかたち　いのちの形」と設定し、「山形」という言葉を解釈し直しました。「山」に象徴される自然界から、わたしたちの「いのち」は生まれています。山を深く観察することで、「いのちの眼（芽）」が開かれ、人間の創造の可能性としての芸術が曼荼羅のように花開くことを願い、テーマを決めました。山形は周囲が山に包まれた盆地である稀有な場所です。壮大な山のいのちとちっぽけに感じられる人間のいのちが、有機的なつながりを持てるような芸術の可能性を考えました。

なぜ、このようなテーマを考えたかというと、それはわたし自身の登山経験に由来します。登山をはじめとする自然体験は、本来的に「すべてがいのちがけ」です。いのちがけだからこそ、体験が深く染み込むのです。そうした意味においては、山をはじめとする自然は人間の創造と芸術の可能性を広げる場として適しているのではないかと思います。なぜ、この枝はつかんだら折れたのか？　なぜ、この葉を触ったら皮膚がかぶれたのか？　なぜ、この岩に踏み込んだら足場が崩れたのか？　自然体験の中ではあらゆる「？」体験が、いのちがけの状態の中で起こります。一歩間違えると死と隣り合わせなのが自然の世界です。自然の中で真実とフェイクを見分けることも、本来はいのちがけの行為なのだと思います。昆虫の擬態もそうしたいのちがけの戦略として獲得したものでしょう。

このように、自然を深く観察することは、審美眼を養うという意味で芸術への態度とも地続きになっていると思います。そして、芸術を知ることは自分という無限の世界を最深部まで探求することと同じではないかと思います。いのちがけで対象を見る、それこそが芸術がわたしたちに深く要請してくる生き方の姿勢です。鑑賞者も確かな審美眼を持つことで、アーティストでさえも「裸の王様だ！」と暴かれる危険性があります。お互いがいのちがけで切磋琢磨し合うことで、相互を深め合う関係性になるのですから。

karuizawa hospital without a roof

不完全な人工世界を治療する行為として芸術が必要であると指摘しましたが、2022年4月に軽井沢病院の院長に就任したことを受け、医療と芸術と福祉が対等に出会える場として、「karuizawa hospital without a roof」プロジェクトを開始しました。第4章で紹介したように、軽井沢のルーツは、宣教師のショーが明治時代に「軽井沢町は屋根のない病院」だと感じ、保養地である別荘地をつくったことにあります。わたし自身も、生活する場全体が「治癒的な場」になることこそが病院の最終形であると感じていたので、この言葉にとても共感しました。そして、ショーの言葉にインスピレーションを受けたわたしは、軽井沢町全体を病院と見立て、「病院」という固定観念の枠を外す試みを構想しました。これは、軽井沢町を新しい目で再解釈し、再発見するプロジェクトでもあります。

その第一弾として行ったのが、世界に一つだけの「おくすりてちょう」です。表紙は軽井沢町にアトリエを構えるデザインブランドRATTA《ラッタ》 RATTARR《ラッタル》（デザイナー・クリエイティブディレクターは須長檀《すながだん》さん。現在は須永さんが新たに設立したアトリエkonst《コンスト》に活動が引き継がれている）に依頼して、障害を持つクリエイターの方々に描いてもらっています。てちょうは、一つひとつがすべて手づくりで、同じものはありません。表紙に描かれた絵は、わたしがあるイメージをそれぞれのクリエイターに投げ掛けて描いてもらっています。つまり、イメージをもとにした対話をメタファーにしたものが表紙の絵として使われているのです。

一般的なお薬手帳は、薬局に持っていって、調剤薬の処方箋のシールを貼る用途に使われ、服薬管理が主な目的になります。しかし、わたしはこの「管理する」という発想があまり好きではありませんでした。誰もが自分や周りの大切な人にとっての「くすり」を考えることができると思い、このてちょうをつくりました。

例えば、言語でコミュニケーションする人間にとって、言葉こそが重要なくすりなのではないでしょうか。優しい言葉や温かい言葉を一つ掛けるだけで、その人にとってのくすりになるかもしれません。また、自分の大切な人や身近にいる人のほうが、よっぽど自分にとってくすりになることが何なのかについて知っていたりもします。おくすりてちょうには、「自分にとってくすりとは何だろうか」「大切なあなたにとってくすりとはこういうものではないか」と、くすりを身近なものとして考えるきっかけにしてほしいという想いも込めています。

ちなみに、このてちょうは、A4白紙を半分（A5サイズ）に切って挟めば、繰り返し使えるようになっています。もちろん、薬の処方箋のシールを貼る通常のお薬手帳としても使えるようになっていますが、自由にメッセージを書き込むコミュニケーションツールとしても活用できます。表紙には、個別の通し番号を入れており、「人間はどんな人でも世界に一人の存在である」というメッセージも込めています。

おくすりてちょうがもたらしたもの

こうしてつくられたてちょうは、初回500部を無償頒布し、病院の入口の特設スペースで展示することにしました（現在は200円で販売し、その売り上げをクリエイターの方々に還元）。すると、ある日美術館を訪れているかのように微動だにせず、てちょうを眺めている方がいました。声を掛けてみたところ、「息子は自閉症で、わたしに何も喋ってくれません。でも、この『おくすりてちょう』をつくっているということだけは話してくれました。すぐに見に来たのですが、何か理由も分からず涙が流れ落ちてきました」とおっしゃいました。他の方も、「生の息づかいが残る独特なタッチに圧倒されました。普段、生の絵を見る機会がなく、美術館に行く習慣もなかったので、今後は絵を見に行く機会を増やそうと思います」と感想を寄せてくださり、思いがけない反応の数々にとてもうれしく思っています。

このプロジェクトを始めると、スタッフにも変化がありました。学生時代に、実は美術方面に進もうと思っていた、というスタッフが、わたしに積極的に話し掛けてくれるようになったのです。さらに、活動を手伝ってくれている看護師が、以前学芸員として働いていたことも知るきっかけになりました。この二人のスタッフの普段の仕事ぶりを見ていると、他の人にはない細やかな感性を持っていることに気づきました。そうした独特な感性は、マニュアルが通用しない芸術の世界でこそ養われるものだと実感しました。

　ちなみに、医療業界では、膨大な業務に追われ、その人が持っている本来的な欲求や

おくすりてちょう

深い感情に蓋をしてしまう場合もあります。つまり、その人自身が持っている豊かな能力を発揮できていないことも多いのです。しかし、わたしは医療で心身が治癒していくプロセスと、芸術で未知の力を発揮して過去の自分を壊して新しい自分を創造していくプロセスが、人間の失われた全体性を取り戻すという意味において同じ役割を持っているのではないかと思っています。医療現場に芸術のアプローチを応用することによって異なる視点や立場の人が交わり、今後もよりよい化学反応が生まれることを期待しています。

いのちのテキスタイル

プロジェクト「karuizawa hospital without a roof」には、「病院の屋根を外すようにして、医療の場を新しい発想でとらえ直したい」という想いがあります。なぜなら、あらゆる場が人間の自然治癒力を高める場に変容する可能性を秘めているからです。そして、このプロジェクトの一環であるおくすりてちょうをつくる中で、障害を持つクリエイターの方々の活動を支援する福祉とデザインのアトリエkonstも立ち上がりました（デザイナー：須長檀、渡部忠）。

わたしはプロジェクトの次なる挑戦として、病室の空間を美しく、生命力に満ち溢れたものに変容させようと考えました。ちなみに、そうした着想を得たきっかけにはわたし自身の経験が関係しています。新型コロナウイルス感染症の流行が猛威を奮っていた時期、わたしも隔離生活を余儀なくされたことがありました。この時、病院だけでなく地球上すべての空間が病室に変容したように感じたのです。そこで、室内空間をどうやって変容させれば、医療の場にふさわしくなるのかと考えた時に最初に頭に浮かんだのが部屋の窓のカーテンを美しいものに変えるということでした。

先述の通り、幼少期のわたしは身体が弱く、病室内でずっと天井や壁や窓を見ていました。この時、わたしは病室の壁が異なる世界の分断を象徴しているかのように思っていましたが、その一方で、窓は病室の内側と外側にある自然界（宇宙などのすべてを含みます）をつなぐ役割があるのではないかとも考えていました。病院に長期入院していた当時のわたしは、窓から光や風などの自然現象が注ぎ込むことによってまだ見ぬ外界の可能性を感じていたのです。もし、「風で揺れるカーテンが生きる力を高めるような美しいものであれば、病室も今とは違った空間へと変容するのではないか」、そう思ったわたしはカーテン以外にも転用可能なテキスタイルを製作する「いのちのテキスタイル」プロジェクトを立ち上げることにしました。

ちなみに、わたしは人間が生きる力を養うためには、「食」こそが重要だと考えています。病気になり食の意欲が失われると、少しずつ基礎体力が失われていってしまいます。たとえ、医療が進歩しても、あらゆる治療の根本は生命力や自然治癒力をいかにして駆動させるかにかかっていると言っても過言ではありません。そうした人間の土台となる自然治癒力が失われてしまうと、わたしたちの身体を司るいのちの調和力は発揮できなくなってしまいます。そこで、わたしは内臓《はらわた》そのものに働きかけるようなイメージで、テキスタイルのテーマは食にしました。

また、おくすりてちょうの製作に関わってくれた障害を抱えるクリエイターの方々との雑談の中で、「アトリエで販売するジャムに使う野菜や果物のヘタ取りをしている」という話が出たことがありました。そこで、わたしはこの話に着想を得て、廃棄される野菜や果物を再利用し、食のいのちを蘇生させるイメージでテキスタイルのデザインがつくれないかと考えました。そして、創作の場を遊び場と見なすことで、クリエイターの方々のいのちの力を注ぎ込むようにして、テキスタイルを製作しようというアイデアが浮かびました。わたしは創作にストイックになり過ぎてしまうと喜びや楽しさが失われてしまうと考えています。そのため、創作の際は遊びの要素を取り入れることを大切にするようにしているのです。

まずは遊び場をつくるため、板の上に水に溶いた小麦粉を流し込んだキャンバスをつくり、クリエイターの方々に野菜や果物の断片を埋め込んでもらうことにしました。すると、小麦粉のキャンバスにグニュッと野菜や果物が埋め込まれる感触によってたちまち創作の場が遊びの場へ変容したのです。クリエイターの方々は全身が小麦粉だらけになりながら、笑いと喜びの中で創作を楽しんでいました。ちなみに、素手で小麦粉を混ぜるとキュッキュと音が鳴ります。その光景はまるで音楽を奏でているかのようでした。そして、小麦粉の海に浮かぶ野菜や果物の断片はまるで架空の島々のようで、様々なイメージが空間を満たしていきます。小麦粉で奏でる音楽を聴きながら、野菜を扱うクリエイターの大胆な創作はまるで劇場のパフォーマンスのようでした。

　こうしてでき上がった野菜や果物をランダムに配置したキャンバスを撮影し、デザインの素材にしました。キャンバスの野菜や果物の間には意図しない余白が生まれますが、そこに線を引いてみると、ドローイング（線画）が生命を付与されたかのように立ち上がってきます。この素材が持ついのちの力が呼応するようにして生まれた「いのちのテキスタイル」は、konstの創作プロセスに共感したträffa《トレファ》 träffa《トレファ》（世界中の様々なデザイナーによるデザインでプロダクトを製作）の協力を得て、美しいカーテンやクッションカバーなどへと形を変えました。

　わたしは自由な創作が可能になるためには、その前提となる場づくりこそが鍵を握っていると考えています。誰もが心の奥深くに創造の泉を持っていますが、頭で考えてしまうとなかなか創造の源泉にアクセスすることができなくなってしまいます。わたしたちの子供時代を思い返してみても、五感に触れるすべてのことが遊びになっていたのではないかと思います。そこに目的はなく、ただ楽しいから遊ぶのです。そうした子供時代の感覚を呼びさますことができれば、わたしたちはやがて創造の源泉へと辿り着くことができるようになります。つまり、子供の遊びに代表されるような人間の純粋なエネルギーが発動するような場や環境づくりをすることこそが自由な創作にとって肝要なのです。

また、新しい何かが創造されるプロセスには、創り手の底知れない愛や優しさ、善意などが入り込んでいます。そうしたポジティブなエネルギーによって創作物にはいのちが付与されていきます。そうして無数に埋め込まれたいのちは、また誰かのいのちへと、松明の火が分与されるように伝わっていくのです。わたしが登山のプロセスで無数のいのちを受け取ったように、新しい何かを協働して創造するプロセスによって創作者のいのちが波紋のように伝わっていくのではないかと思います。

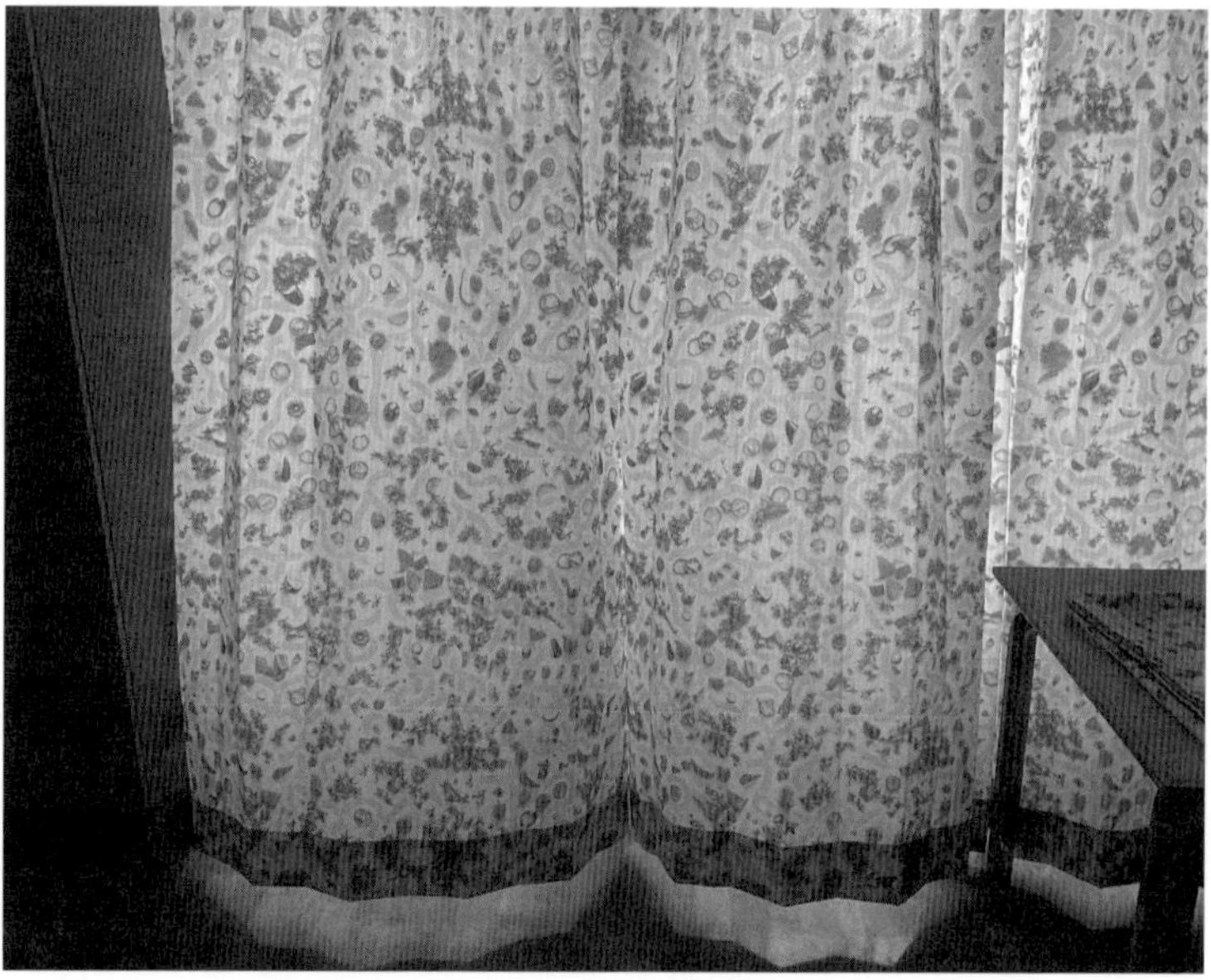

「いのちのテキスタイル」で展開するカーテン

第6章

登山から学んだチームのつくりかた

軽井沢ラーニングフェスティバル

2022年10月、おくすりてちょうのワークショップを実施する目的でライジングフィールド軽井沢にて行われた軽井沢ラーニングフェスティバル2022に、バディとして病院のスタッフとともに参加しました。バディという名称は、イベントの主催者とお客さん、という構造になるのではなく、誰もが創造者であり、「仲間」であるという考えを共有するために使用しています。このイベントは、さまざまなジャンルのラーニングセッションを通して参加者各自が感情や直感に向き合い、表現する学びのフェスティバルです。標高1200m、4万坪の自然を余すことなくセッションステージとして使い、3日間にわたって開催されました。

初日、2日目はあいにく雨が降り続いていましたが、2日目の夜には雨が上がり、ワークショップを開催する3日目には晴れ間も出てきました。当初は屋内開催も検討していましたが、ワークショップが屋根のない病院というプロジェクトの一環であることを受け、急遽屋外で行うことにしました。

ワークショップでは、日本中から集まった多様な背景を持つ参加者が特製のスタンプや道具を活用しながら、世界に一つだけのおくすりてちょうをつくりました。10分程度でできるこのワークショップには入れ替わり、立ち替わり、40人以上の参加者が集まりました。おくすりてちょうに込められた想いや祈りをつないでいくというテーマのもと、あえて別の人がつくったおくすりてちょうを持って帰ってもらうという試みも行いました。

当日は参加者がいっしょに食卓を囲むような和やかな雰囲気で会話をしながら進めていきましたが、「わたしは美術の成績が低かった」「才能やセンスもなくて自信もない」「芸術のよさがよく分からない」「芸術と聞くだけでコンプレックスを感じる」など、芸術に距離感を感じている人が多いことに気づきました。そのほとんどが子供の頃の感覚を引きずっていたため、いかに幼少時の教育環境が人生において重要であるか、子供の時の感覚や感情が背景放射のように大人になっても影響を与え続けているのか、ということを痛感したものです。

また、仕事の中で行き詰まりを感じている人からは、「組織の一員として、個人としてどうあるべきか」「チーム全体をどう生かすのか。それにはどういった形態が考えられるのか」などについての問題解決のヒントを得るためにイベントに参加したという声も聞かれました。職場でどう仕事に取り組むかは個人の心構えが重要な面もありますが、組織はあらゆるメンバーとの人間関係が前提で仕事が進んでいくため、必ずしも自分の思い通りには物事は進みません。したがって、チームで活動しなくてはならない場面が多い現実を考えると、個人が組織やチームの中でよりよい働き方とはどうあるべきかということについて思いを巡らすことは避けて通ることができないと言えます。

ちょうど病院の院長として組織を運営する立場になって半年が経過していたこともあり、わたしも参加者の方々と同じ課題を考えていました。このワークショップでは、わたしはどういう場をつくり、どういう場の設定をするのがよいチームの条件なのか、そして、よい状態のチームを維持し続けるためには何が重要になるのか、ということなどを改めて考える機会になりました。そこで、本章ではわたしが考えるチームの在り方についてて紹介したいと思います。

登山の比喩で考える

人生をどう生きるべきかについて日々思いを巡らすのは、とても大切な営みだと思います。なぜかというと、プロローグで言及したように、わたしたちは、一つひとつの思考の積み重ねによって、毎日通過しているY字路の分岐点の進むべき方向を決断しているからです。しかし、わたしたちは、物事がスムーズに進んでいる時ほど、過去を振り返ることはありません。多くの場合、過去の決断を振り返るようになるのは、人生の中でアクシデントや苦難が生じた時ではないでしょうか。そうした時にわたしが参考にしていることがあります。それが登山中に遭遇する自然現象の比喩です。例えば、わたしたちは、将来の見通しが立たない時には「霧のようだ」と言い、さまざまなアクシデントに見舞われた場合には「嵐のようだ」などと表現することがあります。しかし、登山をしていると、当たり前のようにこうした状況に遭遇します。

山では準備をしていても急な天候や気温の変化に見舞われます。この時に誤った判断をしたり、軌道修正ができなかったりすると、遭難し、最悪の場合はいのちを落とすことになりかねません。したがって、登山では絶えず自分の中の固定観念を見直す必要があります。固定観念とは、当たり前だと思っていた全体の枠組みのことです。実は、その枠組みに気づくためには、視点を移動させるしかありません。水平な視点だけではなく、高さ（地上）や深さ（地下）を持った視点の移動が必要です。木を見て森を見ず、といった事態に陥らないように、あたかも地球や宇宙をも見るかのように意識するのです。これは人生を考える場合においても同じことが言えると思います。

わたしの場合、人生で困難な場面に直面すると、現在の状況を登山中の場面に重ね合わせ、解決の糸口を探っていました。例えば、混乱している時は「道に迷い、遭難しそうな状況だ」と考えてみます。そうした状況をイメージすると、「もとの道に戻ることの大切さ」「同伴者が疲れている時は無理せず、いっしょに休む」「無謀なことをすると同伴者も遭難に巻き込んでしまう」などといった、メッセージが浮かんできます。そうした登山の状況をイメージしながら、現在の状況に重ね合わせてみると、今後の人生の方向性や未来の展望が見えてくることがあるのです。

ちなみに、わたしが登山の基本にしているのは、「個人が自立している」「途中で諦めない」「弱い人に合わせる」「生きて帰ってくる」などの前提です。こうした登山の基本

について も、人生を長い登山ととらえてみるならば、似ている点があると思います。ちなみに、登山の継続が難しい場合には、絶対に無理をしてはいけません。この時、必ず生きて帰ってくることを立ち止まって冷静に考えることができるかが問われるのです。それができるかどうかが、危機的状況における生と死のY字路の分かれ道になります。

わたしが勤務する病院内でも新型コロナウイルスの院内感染が起こり、大変な時期がありました。その時も、登山のパーティーをイメージしながら、一人も遭難しないためにはどうすればいいのか、と考え、冷静に判断するようにしていました。急激なコロナ感染者数の増加時も、「止まない雨はない」と周囲を勇気づけ、危険な時はあまり大きく動かないという登山の鉄則を守りながら、困難を乗り切りました。

また、新型コロナウイルスも言わば自然界にいる生命体の一つです。登山においても熊被害などがありますが、それは人間が動物の居場所である自然界を一方的に奪ってきた結果であるとわたしは考えています。自然界は、動物にとってもウイルスにとっても共通の居場所です。長期的にはあらゆる生命体の居場所を考えることが、根本的な解決へとつながっていくでしょう。わたしがコロナ禍などの未曾有の事態にパニックにならずにいられたのは、登山の比喩で物事を考えていたからだと思います。

いのちのフィロソフィーが発動する登山のパーティー

わたしが組織を考える際に参考にしている登山の比喩が、集団登山で組むことになるパーティーの考え方です。パーティーのメンバーは、5、6人が一般的ですが、必ずリーダーを決め、場合によってはサブリーダーも決めます。リーダーは、パーティーの中でもっとも登山経験のある人が担い、山行計画、装備、メンバーの役割分担、体調管理などに至るまで、登山の全責任を負います。一方で、リーダーと同等レベルの実力があるサブリーダーは、ルート判断や、歩行ペースの配分など、主に実働面でリーダーを補佐します。

パーティー登山の目的は、あくまでメンバー全員が生きて帰ってくることです。したがって、パーティーのメンバーは、登山がいのちがけであることや、それに伴う危険性もあらかじめ共有し、相応の覚悟と準備をすることが前提となります。そして、メンバーは互いに知恵を出し合いながら、困った時には協力して登山することが求められます。また、パーティーを組んでいる以上、仲間割れ（目標地の分裂など）は問題外です。

そうした登山の鉄則の中でももっとも大切なことが、パーティーの在り方や登山のペース配分を体力や経験が一番乏しい人に合わせるということです。これをわたしはいのちのフィロソフィーと言っています。リーダーは、パーティーが空中分解しないように、たとえ、体力や経験がある人が多い場合でも、チーム内の弱者とも言える初心者に行程やペース配分を合わせ、常にメンバーの体調の変化などにも注意を払って見守ります。わたしは、この弱者のいのちを中心に据えたパーティーの考え方こそが、21世紀のチームが目指すべき在り方ではないかと思っています。

わたしたちにとって身近な家庭や会社といった組織も、リーダーの判断がメンバーのいのちを左右するという意味では、登山のパーティーと似た側面があります。わたしは組織内でトラブルが起きた時は、登山のパーティーだったらどう乗り越えるかを想定して、問題に対処するようにしています。もし、進むべき道を見失いそうになったら、遭難の手前だと見立て、無理に先には進まずに、時には立ち止まりながら長期的な方向性を見定めています。

一方で、組織では意見交換の場と称してしばしばミーティングが行われますが、参加者の中には自分の手の内を隠そうと知恵を出し惜しみする人がいます。人手不足などで協力を求めても、自分の部署が暇だと思われると困ると勘違いして、「協力する余裕はない」と筋違いの回答をする人さえいます。しかし、登山といういのちがけの場では、知恵の出し惜しみや、不適切な判断や行動をしても何のメリットもありません。むしろ、そうした誤った判断は、いのちを失う可能性すらある危険な行為なのです。最終的な判断は、リーダーがくだすことにはなりますが、適切な状況把握に伴う率直で自由な意見交換こそがいのちを救うこともあるのです。

したがって、組織内で判断に迷った時は「弱者を中心に考える」という原則に戻ることが大切だと思います。チームが困っている場合は、自分を中心にするのではなく、困っている人を中心にして考えれば、適切な判断がくだせることが多いのではないかと思います。登山を成功させるには、物事を考える時の主語を自分ではなく、あくまでもチーム内の弱者に変換する訓練と習慣こそが重要になります。

そして、パーティーで一度方針を決めたら、みんなで協力して乗り切ることも大切です。たとえ、登山中にメンバー同士の不和やアクシデントが生じたとしても、いつまでもとらわれていては前に進むことはできません。まずは登山中に起こった現象をチームのとして受け入れ、行動してみる。自分だけではどうすることもできない組織やチームの在り方を考える時に、登山のパーティーに発動するいのちのフィロソフィーが参考になるのではないでしょうか。

また、弱い立場にいる人が自分の力を発揮できないと、チームとしては機能しません。弱者を排除する考えを続けていると、チーム内では永遠に弱者が生まれ続ける構造が存在してしまいます。そうしているうちに、自分自身が弱者になる時期が訪れ、排除される結果へとつながるのです。弱者を中心にチームや場を考えれば、誰もが心地よいと思える環境がつくれます。それは、一人ひとりも、そしてチーム全体としてもいのちの力がもっとも発揮できる場になるでしょう。

パーティーとチームの前提条件

前項ではいのちのフィロソフィーの考え方を紹介しましたが、これを組織やチームで発動させるには、立場や役割は違えどもパーティー内の各メンバーが対等であることが大前提になります。実は自然界という基準で見れば、人間は誰もがちっぽけな存在であり、弱者だと言えます。また、登山では経験豊富な人がリーダーになりますが、それは単なる役割の違いです。山から降りてしまえば、一人ひとりは対等な存在なのです。そうした日常レベルでの人間の対等性と一時的なチーム内での役割の違いを同居させながら、物事を考えていくことこそが、いのちのフィロソフィーにおいては大事になります。

ちなみに、わたしは、対等な関係を築けていなければ、あらゆる対人関係の技法や技術は無効であると考えています。なぜなら、それは単なる人の操作や支配にしかなっていないからです。確かに会社や組織でも、上司や部下という役割の違いは存在します。ただ、それは登山のパーティーと同様にあくまでも担っている役割の違いでしかありません。人間としての優劣などでは決してないのです。そういった意味では、チーム内でのリーダーの役割は、メンバーに命令し、管理することではなく、チーム内のメンバーが創造的に自由に活動できる環境を整えることではないかと思います。

また、一般的に組織というと、軍隊のようなピラミッド型の組織を無意識にイメージしてしまいがちです。昨今では「パワハラ」や「セクハラ」といった各種ハラスメントが話題になっていますが、そうした問題も組織の意味を勘違いさせやすくしています。そもそもハラスメントになるかの分岐点は、人間関係の前提としての「信頼関係」が築けているかどうかだと思います。もちろん、発言内容や態度も重要ですが、そもそもの信頼関係が失われていれば、すべての行動や発言がハラスメントへとつながってしまうという認識が重要になります。まず、実行すべきことは、いかにして組織やチームの信頼関係を構築するかということだとわたしは思います。しかし、多くの場合信頼関係がなくなってから、慌てて再構築しようとします。それでは順番が逆なのです。

こうしたことは、登山のパーティーでも同じことが言えます。登山では誤った判断が生死に直結することが多く、お互いの判断を尊重し合うために、前提としての信頼関係が重要です。つまり、チームのリーダーには、「独りよがりの判断ではなく、チーム全体を考える」「チームの弱者を中心に据え、『いのち』を中心に考える」ことが求められているのです。そのようにメンバーが感じられる信頼関係を構築していくことこそが、チームを空中分解させずに対等な関係をつくるための土壌となります。

登山で気づいた対話の本質

山という場では、人間の持つ常識やレッテルは通用しません。壮大な自然現象とでも言うべき山の前では、人間は平等であり、対等であると言えます。とくにパーティーで登山をしていると、頂上へ到達するという目標を達成するために率直な意見をぶつけ合う必要があります。つまり、パーティーは軍隊のような上下関係ではなく、弱者の声を掬い取りやすいフラットな関係性を構築する必要があるのです。前著『いのちを呼びさますもの――ひとのこころとからだ――』では対話の重要性を指摘していますが、自由な対話にはフラットな場が必要であるということに気づかせてくれたのも登山のパーティーです。

まず、わたしが大切にしている「対話」と、「会話」や「雑談」「議論」との違いについて紹介したいと思います。会話（conversation）や雑談（chat/chatting）は、自由な雰囲気の中で楽しいおしゃべりとして行うものです。この場面では、楽しさや自由さが重要視されます。内容は何でもよく、日常のほとんどの場面では、こうした会話や雑談が行われています。一方、議論（discussion/debate）は、緊迫した雰囲気の中で話し合いを行うことです。議論における言葉の応酬は、時に相手を説得し、勝ち負けを決めるものになります。

それに対して対話（dialogue）とは、これらのよい点を併せ持った概念とイメージしてみてください。つまり、自由な雰囲気の中で（緊迫した雰囲気ではなく）、真面目な話し合いを行うものだととらえてみるとよいでしょう。dialogueの語源は、「言葉（logos）を通して（dia）ともに理解を深めていくこと」です。つまり、お互いの理解を深めるための道具として言葉の力を活用するのです。対話を行う際は、人間関係の基本である信頼関係を築くためにお互いが向き合って、しっかりと話し合うことが重要になります。

ちなみに、対話では「同意する」ことではなく、「理解する」ことが目的になります。一見すると自分と対立しているような異なる考え方でも、積極的に受け入れて理解しようと努めることが前提です。たとえ、意見が異なって対立していたり、相手に同意できなかったりしても相手を理解することはできます。テレビの報道などでも事件が起きるたびに、容疑者の幼少期や周囲の人の話が紹介されることがあります。こうしたエピソードや話に対し、同意はできなくても容疑者が事件を起こした背景を理解しようとすることはできると思います。これは大切な心の働きの一つであると言えるでしょう。

対話は、対立する考えを積極的に理解しようと努めることだと指摘しました。それにはいったい何の目的があるのでしょうか？　例えば、自分一人の考えだけで閉じられてしまうと、対立する意見を取り入れようと考えること自体がありません。しかし、対話の場があることを前提にすれば、これまで自分の中に位置づけられてこなかった対立する考えを心の中に同居させることができます。すると、矛盾する二つの思考を同居させようとする新しい心の動きが生まれてくるようになります。会話や雑談では、自由で楽しさを目的としているため、自分の考えに変化が起きることはあまりありません。しかし、対話では異なる思考が混ざり合うため、新しいアイデアが生まれます。もし、会話の最中にそうした変化が生まれたのであれば、それはあなたの会話が対話になっている証拠とも言えるでしょう。

山で新しい自分をつくり直す

登山中には、自分の中にある強さと弱さという対立する概念が出会い、対話と同じ現象が起きています。登山時は疲労感とともに延々と歩き続ける必要がありますが、心の中では、弱い自分と強い自分が振り子のように出会い続けています。もう帰りたい、もう歩きたくない、という弱い自分もいれば、もう少し頑張りたい、弱い自分に負けたくない、という強い自分もいるのです。

ちなみに、自分の中に対立物や矛盾が同居していくには、一定の時間が必要です。登山のように何時間も歩き続ける時間が、普段は出会わなかった弱い自分と強い自分との出会いを可能にします。そうした過程は内的対話とも言えるものですが、実は登山においては、パーティーのメンバー各自が弱い自分と出会い続けています。そのため、お互いの弱さを見えざる基盤として、フラットな対話が起きやすくなります。まさに、自由な雰囲気の中で対話をする環境が準備されやすくなるのが、パーティー内で弱さを共有した登山の道中とも言えるでしょう。

わたし自身も、登山のプロセスで何度も弱い自分と出会い続けてきました。そうしているうちに強さと弱さが混じり合った新しい自分へと変容していることに次第に気づくようになりました。また、登山という同じ目的を共有するパーティーのメンバーとの間で何気ない会話や雑談を繰り返す中で、いつの間にか会話が対話となり、新しいアイデアが生まれ、その思考が内在化されていくのも感じていました。わたしにとって登山は自分と出会い直し、新しい自分をつくり直すために必要なプロセスだったと言えるでしょう。

人間の本質が曝け出されるパーティー登山

山と対峙していると、登山者が持っている本質や人間性が曝け出されてしまう瞬間があります。わたしたちは自分が強いと錯覚している場面が多いのですが、それは快適な環境が準備されている時に限定されます。登山のような大自然の中で心身ともに追い詰められる状況では、強さの周りにコーティングしている虚勢が剥がれ落ち、弱さが現れてきます。わたしは、自分の丸裸の弱さを露呈することも、登山における重要なプロセスではないかと思います。なぜなら、「助け合う」ことには、わたしもあなたも弱いという認識が前提になっているからです。弱さの自覚があるからこそ、お互いを補い合うように助け合おうという自然な欲求が生まれてきます。

実際、登山中にメンバーが体力を消耗して、足が動かなくなってくると、「来るんじゃなかった」と八つ当たりをしたり、「早く家に帰りたい」と言い出したりすることがあります。しかし、こうした弱さから生じる声が出てくること自体は決して悪いことではありません。なぜなら、そうした仮面を剥がして、弱い自分が出てきた後にこそ、奥底で眠っているいのちの力が発動するようになるからです。人間の本質にはそうした弱さが内在しています。弱さを全員が自覚した時に初めて、チーム内での弱者のいのちを中心に行動していくことに対し、焦点が合うようになります。実はこれもいのちのフィロソフィーが発動するための大切なプロセスです。したがって、弱い自分が現れてきても悲観する必要はありません。むしろ、弱い自分を歓迎し、受け入れ、その地点から自分を立て直していくことが大切になります。

このように未知の自分と出会うことによって、自分という存在がより深みを帯び始めます。都市生活では、人間関係を器用に渡り歩く人、処世術に長けている人があたかも強い人であるかのように見えます。しかし、大自然の中での登山は、そうした人間関係のスキルがほとんど重視されません。むしろ、野生を逞しく生きる丸裸の自分こそが寄る辺となります。そして、登山中は弱い自分に伴走し続ける必要があります。その時に一般社会での肩書や地位などはもはや関係ありません。山の中では、誰もが弱さを共有する対等な存在になるのです。登山を通して自分だけでなく、他者の中にも弱さを見出し、人間の本質に出会うことは、本当の意味での慈悲や思いやり、優しさなどの温かい感情を育む基盤になるだろうとわたしは思います。

リーダーに求められる資質

鉄門山岳部では、新入生であっても時機を見て必ずパーティーのリーダーを経験することにしていました。これは役割や立場を変えることでしか理解できないことがあるからです。実際の組織でも、突然管理職に任命されることが多いだろうと思います。かくいうわたしも軽井沢病院で突然に院長の辞令を受け、みずから引き受けようと決断はしたものの、最初のうちは慣れない業務に戸惑うこともありました。ただ、パーティー登山を通してリーダーの考え方の基本について理解を深めていたことが、後の病院のマネジメントにも大いに役立っていると感じています。

ちなみに、リーダーは組織内でトラブルが生じた時に、問題の本質を瞬時に見極め、判断することが求められます。この時のリーダーの対応こそが、その後の組織の運命を左右するといっても過言ではありません。そうした場面で大切になるのが、組織の状態を客観的に観察し、部分だけでなく全体を把握することです。それこそがリーダーの役割であり、常に高めていく必要のある能力ではないかと思います。

ちなみに、登山は一歩、一歩を確実に踏み込みながら、瞬間、瞬間で物事を判断していくことの連続です。そうした「近い視点」の歩みに集中することが登山における活動の大部分を占めますが、一方で、心の奥では遥か離れた目標地を「遠くの視点」でイメージしています。無心になって歩みを進めていく中で、やがて心身が自然界と混然一体となる状況が訪れてきます。その時、頭よりも身体が主体となり、身体が勝手に歩き続けているかのような状態になりますが、同時に俯瞰的な視点が生まれる瞬間が不意に訪れます。能楽でいうところの「離見《りけん》の見《けん》」のような、あたかも定点カメラで見るような視点です。

例えば、登山のリーダーは、最後尾からメンバーの目つきや歩きぶりをつぶさに観察します。この時、目線が下がっていたり、息遣いが荒くなっていたりする場合には注意が必要です。また、登山中に一見元気に見えていても、心のエネルギーが枯渇してしまい、心理的な問題で動けなくなるケースもあります。そうした場合には、なるべく近くに視点を置かずに遠くにある目標物を見ることを提案します。頭の中で考え過ぎていることが心の疲労の原因になっているように感じた時は、「何も考えずに一歩一歩に集中して歩く」ことなどを積極的に声掛けします。

また、声掛けの結果、メンバーの体力が消耗していることが分かった時は、歩くペースを遅くしたり、水分補給や栄養補給を促したり、一時休憩したりすることも提案します。とくに注意すべきなのは休憩の取り方です。個人で登山をしているのであれば、気ままに休み続けることが可能ですが、パーティーでは、一旦休んでしまうと体力の消耗によって動けなくなるメンバーが出てくる恐れがあります。そこで、リーダーはメンバーの状況を観察したり、ザックを完全に下ろさずに壁に寄りかかったりしながら、重さを和らげて休むといった方法などを提案します。

このようにパーティー登山では、適度な緊張感を保ち続けたまま、ほどほどに休んで気持ちを前向きにしていく必要があるのです。これは組織においても仕事から一旦頭を離す時間が重要でありながら、同時に集中力と緊張感は切らさずに走り続けていかなくてはならないということに似ています。人生は短距離走ではありません。人生という長距離を完走するためにも心の張りを完全に失わない工夫が重要であるという観点では、登山においても同じことが言えるように思います。こうして登山によって得た俯瞰的な視点は、実際に応用してみることが大切です。あくまでも概念ではなく、実践することが自信につながります。なぜなら、困難を乗り越える時には、自分を俯瞰的に見つめ、とらえ直すプロセスが必要になるからです。

困難な場面では、どうしても物事のマイナスの面ばかりを見てしまいがちです。しかし、そういった状況だからこそ、登山で一歩ずつ歩みを進めるように課題を解決し、山頂のように彼方にある最終目標を目指すことが大切になります。視野が狭くなっている時は広い視野を持つこと。人生という日常の中で疲れ果てた時には、遥かなる山の頂上を見上げてみること。そして、その視点の先には宇宙が広がっており、何億年前に輝いた星の光を今ここで見ていること。そうした複合的な視点を持つことができれば、困難は大いなる人生の挑戦に変容するはずです。

登山から学んだ理想のチーム

組織やチームのリーダーの役割としてもっとも大切なことは、メンバーが自由で創造的であり続けると同時に、仕事や課題に取り組むことが幸福であると感じられるような場をつくることに尽きると思っています。

人が集うと場が生まれますが、人が多くなるとやがて個人の利害が衝突するようになります。すると、場自体にもルールを設定することが必要となり、そのルールこそが個人の能力を活かすか殺すかを決める見えざる力となります。したがって、登山のパーティーと同様に人が集まる場で設けるべきルールは、やはり弱者を中心に考える必要があるのではないかと思います。弱さを中心にした場づくりこそが、結果的に縦の関係ではない、水平的で公平な横の人間関係をつくるのです。

また、場は「心理的に安全である」ことが重要です。場の安全を維持することはもちろん大切ですが、その場が壊れてしまったと感じたら、メンバーが遠慮なくそのことを指摘できる環境をつくることが、自由で創造的な場の母胎になります。

とくに芸術に代表される個人の自由な考えや発想を生むためには、これまで開けたことのない未知の領域の扉を開けてみることが必要になります。しかし、各々が内なる未知の扉を開けるには（多くの場合、幼少期に自分自身の意志で扉を閉めて固く鍵をかけています）、メンバーが弱い自分を開示しても快く受け止めてくれる安全な場が前提になります。こうしたプロセスを経ることによって、弱さと強さが新しい関係性を結び、まだ見ぬ自分自身を創造することにつながっていくのです。

ある条件や場を設定することで、人間は未知の力が引き出されることをわたしは登山で学びました。それと同時に、登山の中で人間の本質が引き出されてしまうという場面にも度々遭遇しました。場の中で個人がどのように考え、行動すれば、「いのちを呼びさます」ことができるのか？　登山を介して多くのことを学んだと感じています。

第7章

登山に活かすいのちの知恵

わたしの医療観を変えた山

わたしは医学部で医学の講義を受けていましたが、心身の総合的な働きをもっと学びたいと思っていました。心臓や腎臓や脳について細かく学ぶことも興味深いのですが、そうした局所的なことだけではなく、人間の背後に潜む全体的ないのちの力について学びたいと考えるようになったのです。

例えば、ある物体を100倍に拡大して見てみると、部分的には鮮明に見えます。ただ、それは方眼紙で言えば、100マスの中の1マスを拡大して見ているに過ぎません。その一方で、残りの99マスを見落としている可能性があります。クローズアップした1マスで得られた知見が、残りの99マスに同じように当てはまるかどうかは分かりません。

したがって、物事を部分的に精密に見るということは、全体を見落としてしまうということとトレードオフの関係になっています。ただ、そうした仕組みを知っていれば、次のステップで部分と全体を重ね合わせて見ることができます。そのためには、1マスで得られた情報だけで満足せず、ほかの99マスを見るために、その知見を持っている人たちと対話をしながら、全体像の地図を獲得する必要があるのではないか、とわたしは思います。1マス、1マスで得られる一人ひとりの知見は、決して軽視してはならず、尊いものです。だからこそ、お互いの知見を交換し合い、共有し合うことで、初めてわたしたちの心身の全体像を、そして、いのちの不思議や神秘の本質をこそ理解できるのではないかと思います。

一方で、100マスの全体像を見るためには、1マス、1マスを丁寧に理解することも大切になっていきます。そのことに気づけば、個別性（1マス）と多様性（99マス）は、対立することなく、共存することができるはずです。テクノロジーが発達した現代では、ある特定の1マスだけを精密に見過ぎているように思います。一人ひとり（1マス）が尊重されるからこそ、全体性（100マス）も見えてくるのではないでしょうか。

そういった意味においては、医学部の講義で学ぶ西洋医学は、わたしにとって1マスをとにかく細かく見続けることに終始しているように思えてなりませんでした。もちろん、それは必ずしも悪いことではありませんが、1マスを細かく見ることで見落としていることのほうが気になっていたのです。地球上には多くの国と文化の歴史がありますが、誰も死を避けられないため、いのちに関する知見はあらゆる場から見つかるはずです。そうしたことに気づいた時、まずは自分が生まれた日本や東洋に存在する医学的な知見を深めたいと思うようになりました。

東洋の世界観を学んでみると、そもそも、考えている前提や枠組み自体が西洋とは異なっていることが分かります。東洋医学には全体性を基盤とした身体観があり、100マスの方眼紙全体を俯瞰する視点やスタンスを大事にしてきた歴史があることを知りました。もちろん、全体像を保とうとする視点は、1マスを詳細に見る視点に比べれば、論理性や説得力が弱いのも事実です。そして、そのことが合理的で明確さを重視する現代の潮流にそぐわないとされる部分があることも否定しません。ちなみに、養老孟司さんは、『ヒトの壁』（新潮社）の中で、人間の合理化や局所性が顕著に現れた例として都市を紹介し、「都市化とは人間が頭の中で考えたことを外に出して街をつくるということ。『ああすれば、こうなる』という考えでつくられている」と指摘しました。例えば、切符を買って電車に乗れば、目的地に着きます。これは点と点を結べば目的地に着くといった、言わば西洋的な局所を見る物事の考え方だと言えます。

その一方で、一度道に迷えば、どこに辿り着くかが分からないのが山をはじめとする自然です。自然の中では、全体性を絶えず意識し、俯瞰的な視点を得ることができなければ、現在の自分の置かれた場所や状況を認識することは決してできません。登山をするうちに、わたしの中ではそうした考え方が当たり前になっていました。つまり、医学部の講義の違和感は、登山によって養われた思考法によってもたらされたとも言えます。山は都市化によってバランスが崩れたわたしの物事の見方を変え、後年、日本の伝統医療や東洋医学をはじめとする統合医療の領域に関心を持つきっかけを与えてくれた存在と言えるでしょう。

体験と経験

空前の登山ブームによって、幅広い年齢層の方が登山を親しむようになりました。これは登山に魅了され、長年山岳医療に携わってきた身からするととても喜ばしいことです。その一方で、登山者の遭難が年々増加の一途を辿っています。前項では、現代の都市化について指摘しましたが、そうした思考法が当たり前になっていることも遭難が多発している一つの原因ではないかと思います。とはいえ、都市化はわたしたちの生活に大きな利便性をもたらしていることについては疑う余地はなく、単純に否定すべきものではありません。ただ、本書で指摘したいのは、山という自然の場であっても都市の発想法のまま登山をしている人が多いということです。場が変われば、自分の考え方自体も変える必要があります。

ちなみに、登山中にもっとも多い遭難のパターンは、道案内に従って歩いていたつもりが、けもの道や林業用などの異なる道に気づかないうちに入ってしまうケースです。一旦けもの道などに入ってしまうと、次第に道が悪くなっていき、異変に気づきながらも引き返すタイミングを逃し、最悪の場合には滑落し、いのちの危険さえあります。こうした場合、鉄則となるのが、「元の場所に戻る」ということです。

実は遭難の多くが、元の場所に戻るのは時間の無駄だ、と短絡的に考えてしまった結果、どんどん先へ進み、下へ、下へと降りてしまうケースです。下山すれば川などにぶつかり、いずれ人がいる場所に着くだろう、と考えてしまいがちですが、無闇に山を降りていくと、谷間に入ってしまうことがあります。すると、ヘリコプターで捜索しても誰も見つけられなくなります。その他にも、足場が悪いことに気づかず、崖から転落するケースも後を絶ちません。登山においては、なるべく高い場所へ登り、山全体を見渡し、現在の位置を確認することが大切になります。

とはいえ、道に迷ったら元の場所に戻るという知識があったとしても、実際に道に迷った時に冷静になって適切な行動ができるかは別問題です。たとえ、過去に遭難した体験があったとしても、自分の中に生きた経験として落とし込むことができなければ、再度アクシデントに見舞われた時に冷静に対応することはできません。このように、登山の体験が経験知へと深められていないことも遭難が増えている一つの原因だと思います。

そこで、大切になるのが、安心・安全な場での体験を経験知へと深めるプロセスです。

それを実践するためには、環境が重要になります。例えば、子供がたった一人で暗闇の中で怖い体験をすると、ただのトラウマになってしまう可能性があります。このように、環境が整っていなければ、経験知へと深められない体験もあるのです。一方で、子供が怖い映画を見る時に、親の膝の上という安全な場所にいれば、怖い体験も距離感を持って俯瞰的に体験できるようになります。やがて、この体験は子供にとって経験知となって受け止められ、知恵へと昇華し、異なる場面でも活かすことができるようになるのです。

体験がトラウマとなり、ネガティブな体験だけで終わってしまうのか。それとも怖く、恐ろしく、辛く、悲しい体験であっても、自分の糧として経験知へと深めることができるのか。後者には安心・安全な場の設定が必要です。それが結果的に体験の質の違いにもつながっていきます。もちろん、偶発的な環境では、安全な場を準備することはできません。だからこそ、不意に訪れる体験をしっかりと乗り越えるためにも、事前のトレーニングが必要となります。

迷子の練習

山や自然は、安心・安全と言える環境ではないのでは？　そういった意見もあるでしょう。確かに、登山は難易度が上がるほど、遭難や滑落のリスクは高まります。登山の道具を買い揃えたり、本やインターネットで山に関する情報を得たり、トレーニングを積んだりして自分なりの方法で安心・安全と言える環境を整備することはできますが、もちろん限界もあります。その証拠に登山のエキスパートと言われる人たちでも遭難や事故でいのちを落とすケースもあります。わたしも冬スキーのエキスパートの方に登山中にいのちを亡くす直前にお会いしたことがありました。その時の語り口は饒舌で、やや浮き足立っているように感じたことを覚えています。心が燃えるように熱くとも、頭はクールでなければ、咄嗟の時に冷静な判断がくだしにくくなってしまうのだろうと、この時強く思いました。それは事前に危機を予知し、回避する際にも大切になります。

もちろん、自然界は、人間の能力や予想をはるかに超えた変化を起こすことすらあります。したがって、登山においてこれさえやっておけば100％安全だ、と言うことは難しいと言えます。しかし、登山での小さな失敗があった時、その課題を一つずつ乗り越えることはとても大切なことになります。大きな失敗へとつながらないように、自分の体験を経験知へと深めていく作業は、不測の事態が生じた時にわたしたちを大いに助けてくれることは間違いありません。

そこで、道迷いを経験知にするための練習としてお勧めしたいのが、都市の中で積極的に迷子になるということです。例えば、目の前に来たバスに咄嗟に乗って、適当な場所で降りてみます。そして、五感を研ぎ澄ませて周囲のあらゆる環境を観察しながら、元の場所に戻ってみましょう。すると、これまで気づかず無視していた周囲の環境に敏感になり、新鮮な感覚で情報を集めることができるようになります。このような練習をした後で太陽の位置や高さから時間を類推してみたり、些細な情報から自分が向かうべき場所を判断してみたりするとよいでしょう。

また、バスを下車したら、近くのビルの頂上に登って都市全体を俯瞰してみるのもお勧めです。同じ高さでは、一元的に感じられた土地の情報が、違う高さに視点を置くことで多元的な情報へと変化することが分かるでしょう。そうすることで近視眼的になっていた視野の領域が拡大します。このトレーニングを取り入れてみると、自分の肉体のサイズを基本とした視点にとらわれなくなります。視野が拡大すると、こんなにも狭い範囲しか見ていなかったのかと、自然界の中で迷った時に冷静さを失ってしまう意味がお分かりになるでしょう。

ここで改めて確認しておきたいのが、安心・安全な都市の中で遊ぶように練習することはあくまで基本編だということです。自然界で五感を駆使する導入でしかありません。第1章でも指摘しましたが、わたしは所属している場に疑問や課題がある時は、必ず構造の外へと出てみることを心掛けています。都市部での迷子の練習も、見慣れた日常を外部から見る視点を養うための方法の一つです。それまで全く気づかなかった新たな発見が必ずあります。

また、多くの方が道に迷った時にはスマートフォン上の地図アプリを使うかと思います。地図アプリは目的地を入力すれば、目的地までの相対的な位置関係とルートが分かるようになっていますが、これは俯瞰的な視点を取り入れてプログラミングされています。地図アプリは、わたしたちの欠点を補う、とても有用なものですが、自然界では電源補給ができず、充電が切れたり、スマートフォン自体が故障したりする場合がありま す。つまり、テクノロジーの恩恵を受けることができない時は、五感を駆使して対処する必要があるのです。そのためにもこの基本編が役立ちます。

迷子の練習で得た俯瞰的な視点と何気なく日常生活で使われているテクノロジーの構造をリンクさせてみる。機械がわたしたちの五感を補っているからこそ有用なのだとすれば、その力を自分自身の内部にも見出すことができないかと視点を変えてみてください。すると、おぼろげだった道迷いの本質をより具体的につかむことができ、登山でトラブルに見舞われた際も経験として活かせるはずです。

自力と他力で野生の力を引き出す

第1章では、幼少期に身体が弱かったことについて触れましたが、わたしはどうにかして身体を強くしたい、元気にしたい、ということばかりを常に考えてきました。しかし、登山を介して分かったことがあります。それは、「身体を強くする」「元気にする」という自力の発想だけでは、本当に到達したい領域には行くことができないということです。「強くなってしまう」「元気になってしまう」というような他力の環境に身を浸すことで、自力と他力とが合わさり、より深い領域へと到達できるのだということが分かりました。

これは、自分の意思でみずから「開こう」と思っても開くことができるドアではありません。山という外部の場によっておのずから「開かれる」ものです。日常では「努力する」「自分でなんとかする」という自力の発想をしていたことが多かった中で、登山を介して感覚や能力が開かれ、自分の内部がさらに拡張していく感覚は、自分自身が生まれ変わるようで新鮮でした。

例えば、部活動などの競技能力を向上させる目的で強豪校に行きたいと考える人は多いのではないかと思います。これは、優れた指導者やライバルがいる環境に身を置くことで、自分でも発見できなかったような未知の力が引き出されるのではないかという期待によるものです。もちろん、そうした環境がうまく働く場合もあるでしょう。ただ、それにも人間関係が影響してくるため、どうしても指導者やライバルと波長が合わない場合には、地獄のような辛い環境へと転換してしまう可能性さえあります。このように、人間は感情に大きく影響されてしまう存在なのです。自分自身で感情を律することはできますが、他者の感情を制御することはできません。また、人間同士は共鳴し合います。感情も共鳴してしまうため、一度負のスパイラルに入ってしまうと、なかなかその状況から脱することができなくなります。

一方で、山をはじめとする自然は、人間の身体全体が共鳴する場です。登山者は山に身を委ねることで、今まで自分では気づくことがなかった未知の力が引き出されます。これは、自分で身体をつくる、というよりも、勝手に身体がつくられる、という表現が適切かもしれません。登山に興味を持つ入口の一つに、丈夫な身体をつくるという目的がありますが、山に登っていると意識せずとも結果的に丈夫な身体がつくられていきます。それは、筋力トレーニングなどで段階的に筋力をアップしていく考え方とは全く異なる通路です。わたしにとって、登山で身体がつくられる感覚とは、個人の現在の身体の状況に応じて、未知の感覚が新たに開かれるとともに、これまでの身体の回路が新しく結合し直し、組み変わるというようなイメージです。

そうして発動される未知の力を、わたしは先述のように野生の力と呼んでいます。わたしたちの祖先はかつて、野生動物の一員として自然の中で暮らしていました。衣食住のすべてを自然の恵みから受け取り、過酷な自然の中で臨機応変に新たな能力を引き出しながら、必死に生き抜いてきたのです。日常を見ても、猫や犬、鳥や昆虫など、野生に生きる存在はあらゆる点で驚異的な力を持っています。祖先たちがそうであったように、わたしたちの内部に眠っている奥深い力を引き出すために、時には自然環境の中に身を置いてみる必要があるのではないでしょうか。

古武術といういのちの知恵

登山によって野生の力を引き出すためには、山に身を委ねることが大切だと指摘しましたが、無駄な力が入っていたり、身体の動きがバラバラだったりすると山と共鳴し合うことはおろか、疲労が極度に溜まってしまいます。第1章で幼少時に試行錯誤して、身体の操縦法を身につけたエピソードを紹介しましたが、登山を重ねるうちに登山に適した身体技法があるのではないかと思うようになりました。そうして模索を続ける中で、古武術や山伏の身体技法にそのヒントが隠されていることを知りました。

わたしは高校生の時に古書店で武術研究者の甲野善紀さんの著作に出会い、雷が全身を貫くような衝撃を受けました。最初に読んだのは『表の体育 裏の体育』という著作でした（PHP文庫から再版）。この本が言う「裏の体育」とは、日本の伝統文化を基にして、個人が直感や体験、鍛錬によって培った身体の使い方です。一方、「表の体育」とは、科学や西洋医学に基づいて現在学校で教えられている体育の身体の使い方です。これらは、身体に対する考え方が全く異なっており、そうした「表と裏をつなぐ技こそが武術なのだ」と甲野さんは言います。この本には、武術を探求した甲野さんでしか表現し得ない身体の使い方の本質が書かれており、あらゆる点で気づきを得ました。

古武術には、いのちがけの決闘の場で生み出されたいのちの知恵を身体技法として編み出し、追究してきた歴史があります。例えば、転びそうになった時や、危ないと思い急停止する時などは、精妙な身体の働きが一瞬にして起こり、危機を回避しようとします。このように人間の身体には、普段は隠されているものの、緊急時に誰もが使えるように危機的状況を回避する方法がインプットされているのです。

自分の内部にすでにある力なのに、引き出せない場所にあるのだとしたら、それをどのようにして引き出せばいいのだろうか。これはわたしにとって重要な問いでした。その力を引き出すには、自力だけでは難しい場合もあり、環境や状況といった他力でしか引き出せないこともあります。実はそうした時に、自然界は大きな味方をしてくれることに気づきました。

登山に活かす東洋の身体観

古武術で展開される身体の使い方は、わたしたちが学ぶ機会はほとんどありませんが、極めて理に適っています。古武術をはじめとする東洋の伝統的な身体観では、身体の働きを一つの全体としてとらえる表現として「身《み》」という言葉を使います。ちなみに、頭と身体と心が三位一体となる時、身が統一体として滑らかに動くようになります。古武術の身体の使い方を参考にしながら登山をすると、頭が身体をどのようにとらえるかで身体の動きの質が変化したり、頭と身体と心が三位一体としてどのように関連するのかを、身をもって理解できたりするようになりました。

まず、登山の際にわたしは足を単体で動かすのではなく、股関節や骨盤の中にある仙骨と連動していること、そして、仙骨が脊椎や頭蓋骨などの上半身の動きと股関節や足などの下半身の動きを連結させる要であることも意識するようにしました。さらに、脊椎についても頭蓋骨や肩甲骨、鎖骨、両手や両足など、あらゆる人体の骨が連動しながら、全体としてつながり合って機能していることを感じながら山に登るようにしました。

すると、無駄のない動きが身につき、疲れにくくなったのです。

トレーニングジムなどでは、疲労感やメニューの達成の度合いなどによって満足感を得がちです。しかし、登山では、いかに筋肉を疲れさせないか、そして、身体を心地よく動かすことこそが、生きて帰ってくるための重要な技術なのです。

ちなみに、甲野善紀さんの著作にはこうした古武術の知見が余すことなく開示されています。わたしは、「筋肉で身体を動かす」のではなく、甲野さんが提唱する「骨の重心を移動する」ように、登山をしていました。そうした身体のとらえ方をするようになると、一つひとつの所作に奥深さを感じるようになり、関心を持って探求する対象へと変わっていきました。本書では、甲野さんと息子の陽紀さんの著作や言葉を参考にしながら登山テクニックを紹介します。

登山テクニック①——重心移動の基本を知る——

まず、坂道を足の力ではなく、全身の重心やバランスを意識して登ってみましょう。前傾姿勢をとると、倒れないように自然と足が前に出ます。このような重心移動を意識することによって、結果的に足が勝手についてくるようになります。そうしているうちに、まるで足の力を使っていないような身体感覚が生じるようになっていきます。これは、身体の使い方が変化しただけでなく、全身の力を総動員し始めている証拠です。このように身体の使い方を工夫するだけでも、疲れにくくなります。

この時、少しかかとを上げてみるだけで重心が高くなります。さらに、その重心を前に崩すようにしながら体勢を立て直し、その動作を自然につなげていくと、重心移動がより立体的になるのを感じるかと思います。登山中はたっぷりと時間があります。こうした練習を取り入れながら登山をしてみるとよいでしょう。もちろん、あまり熱中し過ぎて道に迷うと本末転倒なので、よく慣れたルートで練習してください。

この重心移動のテクニックは、下山の時も役立ちます。重力を利用しながら、重心を移動させるように降りてみましょう。前方に転倒しないようにしながら、重心を移動させます。また、登山中には、どうしても膝や足首などの局所に負担がかかってしまうことがあります。そうした時は、つま先と膝を少し外側に広げ、かかとから足をつけるようにして坂道を降りてみてください。

また、登山となると足の筋力が必要だと思いがちですが、実際に重要になるのは、全身を活用しながらも、身体の部分と部分がお互いに助け合う身体の使い方を身につけることです。局所だけに負担をかけるような身体の使い方をするのではなく、余力がある身体の別の部位からサポートをもらいながら、全身で負担を分担するように心掛けてください。すると、登山は必ずしも脚力といった体力の問題だけではなく、身体の使い方をいかに工夫するかという創造性にも委ねられていることを実感するでしょう。

ちなみに、身体の部位に膝くん、腰くん、と名前をつけてみると、膝や腰に人格を感じられて、あたかも対話をしているかのように状態を把握しやすくなります。膝くんや腰くんが過剰な負担で倒れそうな時には、身体の誰に助けを求めればいいのか。全身と対話しながら登山を続けていると、登山をチームプレイのように感じるようになると思います。

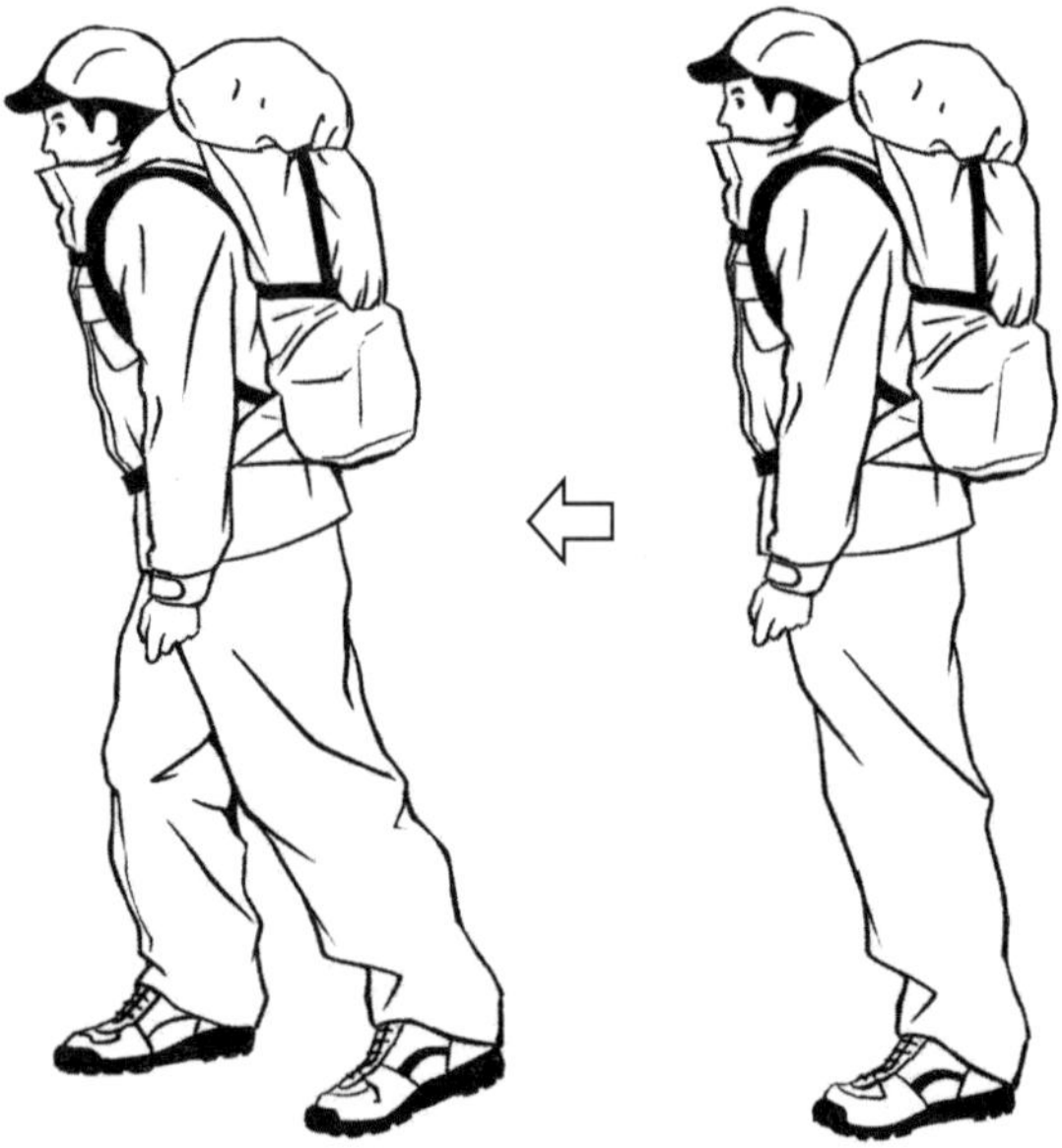

重心移動の基本

少しかかとを上げ、重心を前に崩すようにする。

職場では、誰か特定の個人に負担がかかり過ぎないようにすることを、「ワークシェア・タスクシフト」と言います。身体の使い方もチームの役割分担の考え方と同じで、非常に理に適ったものです。しかし、それぞれの職場でタスクシフトの方法が異なるように、古武術の身体の使い方に原理原則はあっても、個々人が自分の身体にどう当てはめるかは千差万別であることも知っておくとよいでしょう。

登山テクニック②——身体のバランスを意識する——

その他にも、「動く身体」と「考える頭」としての役割の違いがあることを知ることも重要です。登山中に「身体が動く」時には「頭を休める」「頭が考える」時には「身体を休める」という感覚を持てば、身体と頭を交互に休ませながら身体全体を円滑に使うことができるようになります。すると、身体や重心のバランスを取りやすくなり、動きの質の変化も実感できます。これまでとは異なる身体感覚を発見するプロセスを通して、喜びを感じられるようになるはずです。

また、登山中は足元に意識が向かいやすく、どうしても両手があいてしまいます。すると、足だけが疲弊して手は何ともないので身体や重心のバランスの崩れが起こります。こうした時は、ストックを握るだけでも身体を安定させることができます。ただ、強く握り過ぎると身体のバランスが崩れるので注意してください。もし、ストックがない場合は、ザックのショルダーストラップを持つだけでも身体全体のバランスを保つことができます。手の力加減だけで全身のバランスが変化することを感じてみてください。

また、手を前足、足を後ろ足ととらえ、4本足で動いているイメージで身体を動かすとバランスを取りやすくなります。人類の骨格は魚類から海陸両用の両生類を経て地上に上陸し、爬虫類から哺乳類（一部は鳥類）へと進化し、さらに直立二足歩行をする複雑な人間の骨格へとゆるやかに変化してきました。実は武術には魚や蛇やワニのような爬虫類の動き、孔雀のような鳥類の動き、虎、猫、猿のような哺乳類の動きなどをもとにした型が多く残されています。なぜなら、動物の身体の動きが骨格的に見ても理に適っているからです。登山中に自然界に生きる動物や鳥、昆虫の動きから身体の動きを学びとってみたり、水や風、雲などの自然界の流動的な動きを観察し、身体への応用を考えてみたりすることも新しい学びや発見へとつながるのでおすすめです。

ちなみに、登山の際は、腕を前後に振ることがありますが、この動きをすると身体が捻じれてしまい、上半身と下半身との連動が失われてしまいます。そこで、江戸時代の飛脚の「ナンバ歩き」の身体の使い方を取り入れると、上半身の胸骨と下半身の骨盤とを連動させながら、右半身と左半身を交互に使うことができるようになります。なお、上半身と下半身は、仙骨で連結されています。武術でも伝統芸能の世界でも、仙骨をイメージした身体の使い方を習得することこそが、身体技法の要とされています。また、足元が不安定な場所では、視覚優位になり、身体の滑らかな動きが滞ってしまうことがあります。そうした場合には、視覚ではなく触覚へとシフトし、足裏の感覚に耳を澄ましてみてください。そして、片足だけに意識を向けてみましょう。すると、バランスを取りやすくなるはずです。また、両足裏を同時に意識した場合と片足裏を交互に意識した場合の身体感覚の違いを比べてみましょう。不安定な場所だからこそ、頭の中を冷静に切り替えて、どこの感覚を優位にする必要があるのかを考えてみると、身体全体が一つのものとして協調して動くようになるはずです。

登山テクニックを紹介しましたが、立つ、歩く、走る、座るなどといった日々の生活の何気ない動きを見直すことも重要です。すると、わたしたちが日常の中でとても複雑な動きをしていることが分かるかと思います。身体の表側だけではなく、足の裏側、膝の裏側、背中などといった身体の裏側を意識して使ってみるだけでも、自分が身体の一部しか使っていなかったことを実感するでしょう。日々の生活の中で基本動作を丁寧に見直してみてください。すると、登山に日常生活の応用編・実践編として別の楽しみが生まれるはずです。身体のどんなパーツにも意味と役割があります。登山は、普段使っていない身体の力を呼びさますことができる魅力的な創造の場と言えるでしょう。

ナンバ歩き

歩く際に同側の手足を出しながらすり足のように歩く。

身体の三つのリズム

解剖学者である三木成夫は「身体にはリズムがある」と述べています。三木は、人体が受精卵から胎児を経て赤ん坊として生まれる発生学を研究しながら、人体をあらゆる生物の進化と比較し、探求した孤高の人物です。三木の人体への眼差しは、大変深く、わたしたちの身体が悠久の生命の歴史を刻んでいるという新しい見方を教えてくれます。ちなみに、三木独自の身体観に「植物性臓器」と「動物性臓器」があります。植物性臓器とは、内臓の中心にあり、性と食といういのちの要を担っています。一方、動物性臓器とは、脳や筋肉など、動くことが主な働きになっています。これら二つの身体観をヒントに人体のリズムを考えてみましょう。

わたしは、人体には三つのリズムがあり、それらがまるで音楽のようなハーモニーを奏でながら、いのちの全体を司っていると考えています。一つ目は植物性臓器の代表・心臓のリズムです。心臓のリズムは心拍数《ビート》と言われ、1秒に1回のサイクルで内臓のリズムをつくります。二つ目は動物性臓器の代表・脳のリズムです。脳のリズムは意識活動を生み、意識と無意識、覚醒と睡眠をもたらします。覚醒時には外（意識界）へと意識が向かい、睡眠時には内（無意識界）へと意識が向かいます。また、両者が合わさった意識のあわいも外なる世界と内なる世界を調整するために重要な時間になります。

そして、三つ目が呼吸のリズムです。呼吸は、植物性臓器（内臓界）と動物性臓器（脳や筋肉）という異なった役割の臓器をつなぐために身体の中でもとくに重要な役割を担っています。呼吸の主な役割としては、植物性臓器と動物性臓器のリズムが狂ってきた時に両者をつなぎ合わせるように調整することです。例えば、怒りなどで頭が興奮している時は、感情の過剰な力に引っ張られるようにして脳のリズムが乱れています。脳がそうした場合には、呼吸のリズムで身体の側から整えていくしか方法はありません。脳が興奮している時は、呼吸が必ず浅く速くなっています。そうした時に、呼吸を深くゆっくりにすれば、脳は落ち着きを取り戻し、冷静な判断ができるようになります。

また、呼吸はよりよく生きるために必要不可欠な動作であるとともに、あらゆる身体技法の中でも常に基本的な技術として位置づけられています。例えば、腹式呼吸や丹田呼吸、ヨガなどにも呼吸法があります。わたしは心地よい呼吸とは何かを追い求める中で、自分自身の身体を実験台にしながら、あらゆる呼吸法を試してきました。

登山の呼吸テクニック①──ささやきの「アー」──

そうした数々の呼吸法の中から、わたしが翻訳したリチャード・ブレナン著『身体のデザインに合わせた自然な呼吸法──アレクサンダー・テクニークで息を調律する』(医道の日本社)という本で解説している呼吸法を紹介したいと思います。この本で取り上げられているアレクサンダー・テクニークとは、「身体の無意識な緊張に気づきを向けて意識化させ、頭、首、背骨の緊張をほどきながら、身体の力を自由に発揮させる」身体教育法です。創始者のフレデリック・マサイアス・アレクサンダー氏(1869–1955年)が舞台俳優でもあったため、俳優、音楽家、ダンサーなどの身体表現に関わる人たちの間でとくに人気があります。この著作の中から、誰にでもできる呼吸法として紹介したいのが、「ささやきの『アー』」(Whispered 'Ah')という呼吸法です。

まず、頭を背骨から離すようなイメージで、前や上に動かして、首の関節が自由になるようにしてください。すると、背骨が長くなったように感じ、肋骨が自由になる前準備が整います。そうしたら、唇や顔が緊張していないことを確認してください。この時、笑顔になることを思い出すようにすると緊張を和らげることができます。次に、舌先が軽く前歯に触れている状態にして、重力に任せるようにして優しく下顎を下げていきます。そして、ささやくような感じで「アー」と小さく声を出します（実際には「ハー」に近い音になります）。

そして、息を吐き切ったら、優しく口を閉じて鼻から空気が勝手に入ってくるイメージで息を吸いましょう。その後、同じように「アー」と息が続く限り発声してください。その時に身体で緊張している場所がないかを確認してください。この手順を繰り返していくと、少しずつ息が長く深くなっていることが感じられるはずです。この呼吸法は、あえて「アー」と声を出すことで自分が息を吐いている時間が分かります。少しずつ長く呼吸ができるようになっていることを実感できるのでとても有用です。登山中に頭がパニックになり冷静な判断ができなくなったら、この呼吸法を思い出して繰り返してみてください。次第に長くゆっくりとした呼吸のリズムを取り戻すことができるので、冷静さも取り戻すことができるはずです。

ささやきの「アー」

舌先が軽く前歯に触れている状態で重力に任せ下顎を下げ、アーと小さく声を出す。

登山の呼吸テクニック②――日本古来の呼吸法・密息――

日本には古来の呼吸法「密息」があります。わたしは密息に関する本を書いている尺八演奏家の中村明一先生から直接指導を受けたこともあります。密息とは、「お腹を膨らませたまま深層筋を使って横隔膜（胸と腹を隔てている膜状の筋肉）を深く上下させて行う呼吸法」です。密息を行うと、1回の呼気量が大きくなるので、身体は安定性と冷静さを保つことができます。横隔膜を上下させるのは腹式呼吸も同じですが、密息の場合はさらに腰を落として骨盤を後ろに倒すことになります。密息を続けていると、集中力が高まり、解放感も得られるようになります。中村先生も「密息で特殊な意識状態を保つことによって、尺八演奏の質を支えている」とおっしゃっていました。

ちなみに、密息の方法ですが、まず胸を張って椅子に浅めに腰掛けてみてください。そして、両手は、ももの付け根辺りに置き、仙骨を椅子の座面につけるイメージで骨盤を後ろに倒してみましょう。すると、自然と背中が曲がるのが実感できるはずです。さらに、骨盤を倒した状態のまま、首の付け根を前に出すイメージで曲がっている背中を

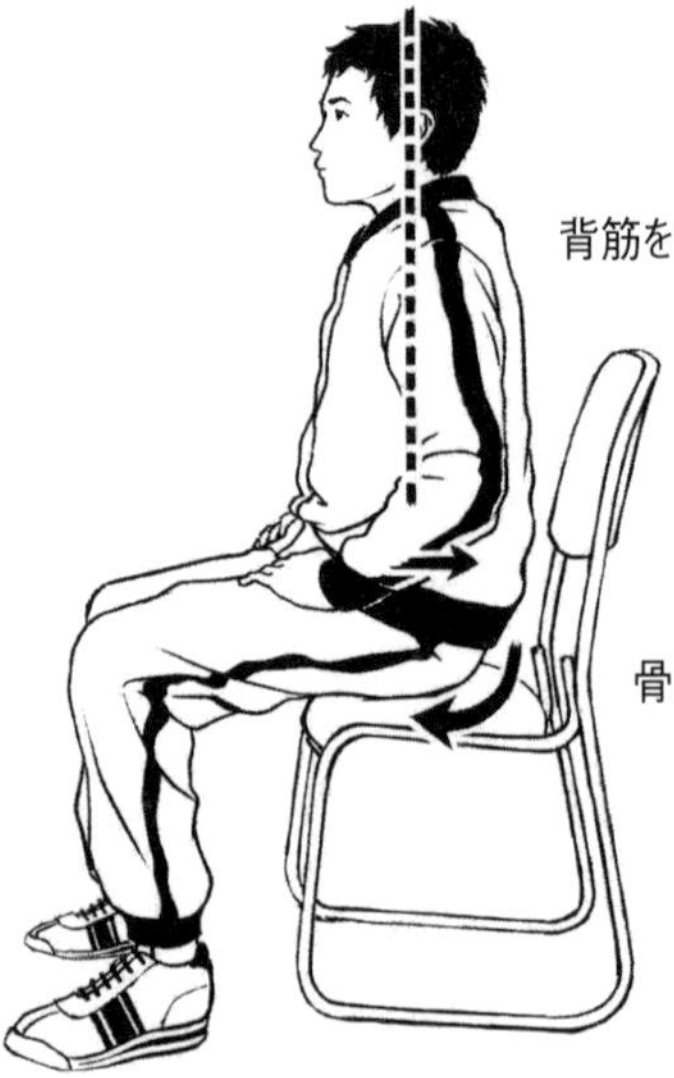

密息の姿勢

①胸を張って椅子に浅めに腰掛ける。

②仙骨を椅子の座面につけるイメージで骨盤を後ろに倒す。

③首の付け根を前に出すイメージで曲がっている背中をまっすぐ伸ばす。

まっすぐ伸ばしてみてください。そして、下腹を膨らませたまま、口からゆっくり息を吐いてみましょう。この時、体内の横隔膜を持ち上げるように意識することが大切です。

次に、お腹を膨らませたまま、鼻からゆっくり息を吸います。この時、横隔膜を下げるように意識してください。つまり、身体の外側の筋肉はいっさい動かさずに、体内の横隔膜だけを上下させて呼吸するのです。下腹を膨らませ、骨盤を後ろに倒したまま、再度横隔膜だけを深く上下させます。これら一連の動作を座った状態で練習したうえで、登山の中で実践してみましょう。すると、身体は動いているのにもかかわらず、心の中は別世界にいるような静けさが生まれます。また、登山中に密息を行うと、骨盤と上体が一体化（カブトムシのような体形になる）し、身体が安定するので、自然とナンバ歩きになります。

ちなみに、昔の日本人は、和服での生活や自然環境によって密息を自然に行っていたのかもしれません。着物で動くためには、帯を締めて着物が崩れないようにお腹を膨らませる力を維持し続けて動く必要があります。そして、泥やぬかるみが多い日本の風土では、腰を落とし骨盤を倒して膝を曲げる姿勢がバランスを取りやすかっただろうと思われます。そういった意味では、骨盤を倒して下腹を張りながら呼吸する密息の条件が環境の面からも自然に準備されていたのかもしれません。

このように、環境が条件となって呼吸法を育んだと考えると、現代人の浅く速い落ち着かない呼吸は、現代の社会状況を反映しているとも考えられます。身体は無意識に環境に反応し、見事に適応するものだからです。そう考えると、頭と身体と心にとってよりよい呼吸法を学び、実践することは現代社会の激動に振り回されずに生きていくためにも重要な手段だと思います。これらの呼吸法は、一つの例でしかありません。あらゆる呼吸法を実践し、自分の身体で実験してみると学びと気づきがあるので試してみてください。どんな場面でも応用できるはずです。

パソコンや人工物に囲まれた日常の場の中で忘れやすい身体の知恵も、登山のような自然の中では新しい発見があるだろうと思います。登山中に集中力が切れてきた時には上記で解説した呼吸を意識してみると、よい「息抜き」にもなりますので、ぜひ実践してみてください。

第8章

いのちを守る山の救急箱

登山中のトラブルに遭わないために

近年のキャンプやアウトドアブームの影響もあり、老若男女問わず、登山者が大幅に増加しています。山の魅力に取り憑かれ、登山者の役に立ちたいという想いから長年山岳医療に携わってきた立場からすると、山の魅力を多くの方に知って頂けるのはとても喜ばしいことです。

しかし、山岳事故は年々増加基調になっており、とくにわたしが山岳医療に従事している長野県は、全国でもっとも遭難事故が多い地域でもあります。また、遭難者の年代別の割合を見てみると、「40歳以上が約8割を占め、死者、行方不明者に限っては60歳以上が7割以上[1)]」を占めます。遭難原因を見てみると、「道迷い、滑落、転倒、病気、疲労が8割以上[1)]」を占めています。その中でも、とくに注意が必要なのが、若い頃に登山をやっていた方です。登山に熱中していた若い頃のイメージで登ってしまうと、頭の中の記憶やイメージと実際の身体の動きが乖離してしまい、無謀な山行につながります。経験者や熟練者ほど登山を甘く見て滑落や遭難をしてしまうという例が後を絶ちません。

わたしも登山に熱中していた20代の頃と比べると、明らかに体力が落ちているのを実感していています。急いでいた時のことですが、頭だけが向かいたい左を向き、身体は右側に置き去りにされたままで、頭のベクトルと身体のベクトルが綱引き状態となり、その場で立ちすくんでバランスを崩して倒れたことがありました。自分の身に起こったことながら思わず笑ってしまいました。その時に感じたのは、頭の中にある身体イメージと実際の身体の動きが一致せず同期しなかったということです。

老いとともに頭と身体のイメージがうまくつながらなくなる時期は誰にでも必ず訪れます。その場合には頭を信用してはいけません。まずは身体の状態を信頼し、頭が素直に現在の身体を受け入れる環境を整える必要があります。誰もがチャレンジできるのが登山の魅力ですが、まずは老いや衰えといった自分の現状を理解したうえで、頭と身体の状態を冷静になって知ることこそが登山の前提になります。その一方で、知識や準備不足によって生じる登山中のトラブルもあります。

実際に診療所で診察をしていると、最低限知っておくべき知識やテクニックを押さえておけば、防げたはずのトラブルも少なくありません。そこで、三大死因と言われる外傷、心臓疾患、寒冷障害の対応をはじめ、登山中にトラブルに遭わないために押さえておきたい知識のポイントを紹介します。

もし、遭難した時は？

登山中にトラブルに見舞われると、気が動転してしまい、なかなか冷静に対応することができません。そこで、レスキューを要請する際のポイントを紹介します。まずは、スマートフォンで110番に電話をかけます。最近は山の中でも電波が通じるようになってきていますが、電波やバッテリーの状態が悪いことも考えられます。そこで、電話をする際は山岳事故であること、現在の場所をコンパクトに伝えましょう。そうすれば、速やかにレスキューを開始できるはずです。また、家族や友達に心配をかけたくない気持ちも分かりますが、スマートフォンが遭難時の生命線だと言えます。むやみに連絡をするのではなく、省エネモードにするなどしてバッテリーを消耗させないように注意しましょう。

iPhoneなどのスマートフォンであれば、正確な位置情報としてGPS（全地球測位システム、Global Positioning System）機能が使えます。例えば、iPhoneの場合、設定→プライバシーとセキュリティ→位置情報サービスをONにして、Googleマップなどで自分の位置をタップし、場所の座標の数字をコピーしてメールで送ると、もっとも正確な位置情報となります（ちなみに、軽井沢病院の緯度と経度のGPS座標は「36.349207352469 48, 138.598514146027 84」）。また、「YAMAP」という登山アプリは、電波が届かない山の中でも自分の現在位置が確認できる機能も備えています。ぜひ、普段から登山時に活用してみてください。

もっともこれらの対処法は、デジタル端末が普及したことで得られる恩恵です。以前は冬山などでは登山用GPSを携帯しない限り、一般人が現在位置を知ることは困難でした。もちろん、谷筋などの道迷いを起こしやすい場所ほど電波は悪く、低温時にはバッテリー消費が早くなることもあります。デジタルデバイスが突然使えなくなる可能性を常に考え、電子機器に過度に依存することは控えましょう。

もし、携帯端末が使えない状況になったら、見晴らしがよい場所に移動してください。その場所から目標物を見つけ、自分がどの位置にいるのかを地図と照合しましょう。遭難時には、救援を待つ必要があります。見晴らしがよい場所にいる、ということは、捜索する立場からすれば、見えやすい場所にいる、ということになります。ヘリコプターでの捜索が行われる場合は、見晴らしがよい位置からしか発見することができないことを覚えておいてください。

また、蛍光色など周囲の自然界とは全く異なる色の登山着を着用すると、遠くからでも双眼鏡などで見つけることができるようになります。ちなみに、涸沢診療所でわたしが診察を担当していた時には、奥穂高岳に登るルートを間違えた登山客がいましたが、蛍光色の登山着を着ていたので、肉眼でもルートから逸れているのを確認できました。遭難したと思ったら、立ち止まって冷静になり、捜索する立場に立ち、どうすれば探しやすいのかをよく考えてみてください。闇雲に前に進むのは危険です。

遭難は誰もが避けたいものですが、先述の注意点以外にも救助者への合図用の小さい笛（少し吹くだけでも大きな音が出ます。わたしはザックに常につけていました）を持つなどの準備をしておくこともとても大切です。こうした万全の備えをしておくことで心の余裕が生まれます。心に余裕があるからこそ、道迷いなどの危機を早期に察知し、迅速にもとの道に戻るなどの冷静な判断ができるようになるのだろうと思います。

応急処置の基本・3SABCDE

登山者であれば、必ず知っておきたい応急処置の基本があります。それが、具合の悪い人が出た時の対応をパターン化した「3SABCDE」です。もともと救急の心肺蘇生の手順としてABCというものがありましたが、これに他の救急の要素が加わった概念です。ちなみに、救急のABCは、まずA＝気道確保（Airway）をするために、口から肺に呼吸が届くように下顎を上げます。次にB＝人工呼吸（Breathing）を行い、下顎を上げて開いた気道から空気を入れます。最後のC＝胸骨圧迫心臓マッサージ（Compression）で、胸の上から心臓を押して、心臓内の血液を押し出すようにして脳へと血流を送り、脳死を防ぐ、という一連の流れがあります。

ただ、米国心臓協会（AHA）の『AHA心肺蘇生と救急心血管治療のためのガイドライン2020』では、「脳死を防ぐために一刻も早く脳への血流を再開させることが重要である」としています。ABCの順序ではなく、CABの順番を意識すること。つまり、意識を失って心臓が止まっていると思われる人を発見したら、とにかく早くCを行い、脳へ血流を送り出す手順が推奨されています。もし、心臓が動き出して脳への血流が再開されると、意識が戻り始めます。すると、心臓マッサージは苦しいため、手で払うような動作が生じます。その場合は脳への血流が再開されている証拠です。Cを中止しましょう。救急のABCを踏まえたうえで、3SABCDEを解説します。

3Sは、「Safety」（安全）、「Scene」（状況）、「Spine」（脊椎・頸椎固定）、

Aは、「Airway」（気道確保）、

Bは、「Breathing」（呼吸の状態）、

Cは、「Circulation」（脈、出血、発汗）、

Dは、「Disability」（障害部位と意識）、

Eは、「Environment」（環境）、となります。

3Sのポイントは、現場の状況を確認したうえで、無理な救助はしないことです。そして、具合の悪い人に安静を指示し、頭や首を不用意に動かさず、その首の状態のまま固定しましょう。これによって、頸椎損傷などが起きている場合でも、神経のさらなる損傷や下半身麻痺などへと進行するのを防ぎます。

差し迫ったいのちの危険性を評価するABCでは、まずAで気道確保とBで呼吸の状

態の確認、そして、Cは脈と出血、掌の冷汗はないかを確認します。脈がなければ、心臓マッサージを行い、出血があれば圧迫止血を行います。動脈性の出血の場合は簡単には止まりませんが（静脈からの出血は、10分程度の圧迫で止血します）、出血部位を布や洋服で強く巻いて圧迫止血することがとても重要です。なお、少しずつ出血している場合でも貧血になり、全く動けなくなることがあるので注意してください。掌に汗をかいている場合も血圧が下がる前兆なので、注意しましょう。

応急処置では、このABCが最重要になりますが、余裕があれば次のDEへと移ります。Dの障害部位と意識では、本人が痛がっている部位だけにとらわれず、頭から足まで全身をしっかりと観察し、外傷、骨折、腫れなど、異常な様子がないか、冷静に確認しましょう。話し掛けても、意識が朦朧としていたら、危険な兆候なので注意してください。Eの環境では、危険な状況にならないように現場を安全な環境に整えながら、待機したり、状況を踏まえて各種の要請を行ったりします。これらのうち、一つでも異常があれば、速やかに救助を要請してください。山中で事故が起きると、パニックになりがちですが、応急処置の流れを知っておくだけでも落ち着いて対処できるようになるので覚えておくとよいでしょう。

外傷予防のポイント

登山中の事故としてもっとも多いのが外傷です。一口に外傷といってもねんざや擦り傷といった軽度のものから、いのちに関わる転倒や滑落に至るまでさまざまな種類があります。どのような状況になれば、危険が生じやすいのか、そして実際に外傷が起きてしまった時にはどのような対応をすればよいのかについて知っておけば、最悪の事態を避けることができます。また、普段からトレーニングを行い、登山の知識や技術を習得することや実際に登山の経験を深めて血肉化しておくことも、危険を事前に回避するためにも大切なことになるので覚えておきましょう。

わたしの場合は大学時代に山岳部に所属していたこともあり、幸運にもOBや先輩、同級生たちから基本となる登山の知識を学ぶことができました。しかし、登山を始めたばかりの方や登山初心者の方の中には経験者からアドバイスをもらう機会がないかもしれません。そこで、わたしがお勧めしたいのが登山具屋さんに登山の注意点をレクチャーしてもらうことです。登山具屋さんのスタッフの方は、経験が豊富なことが多く、登山の基本を教えてくれるはずです。また、雑誌『山と渓谷』に掲載されているセミナーなどに参加して情報を集めてみるのもよいでしょう。このような交流を通して同じような登山の楽しみ方をしている仲間が増えると、山行には別の楽しみが生まれるはずです。

ちなみに、登山具屋さんに行くと、新しい登山靴は、履き慣らしてから山に行くことや、靴紐の予備を買い揃えておくことなどの使用上の注意点を説明されます。実は外傷の多くが靴のサイズなどが合っていないことが原因で生じます。試着時に足にフィットしているように感じられた登山靴でも、履いているうちに靴が足の甲やかかとに当たってしまって、痛みやまめなどを生じることがあります。もちろん、サイズ違いで足が痛くなることもありますが、多くの場合は靴紐の結び方が甘く、しっかりと足首を固定できていないことが原因です。また、靴紐の予備を用意しておけば、登山中に靴紐が切れた時や靴底がはがれてしまった時の応急処置にも役立つので準備しておくとよいでしょう。ちなみに、涸沢診療所でも年に1回程度は靴底がはがれるトラブルが必ずあります。中にはガムテープやビニールテープで応急処置をする方もいますが、持参物が多くなるほど、ザックの重量が増えてしまいます。登山中に山に持ち込んだものはすべて自分で持ち帰ることが最低限守るべき自然界のルールですので注意しましょう。

登山中の外傷を事前に防ぐという意味では、登山届と山行計画書をしっかりと作成することも大切です。日本では、登山届が任意になっているところが多いですが、安全に登山をするためにも必ず提出しましょう。山行計画をしっかりと立てておけば、ルートやペース配分、危険な場所、水場やトイレの位置などの情報を事前に整理しておくことができます。さらに、これらの書類に携行品や食料なども記載する習慣をつければ、遭難や事故に見舞われた時でも、その内容からレスキューの方法を判断することができます。最初のうちは、これらの書類を作成するのにも時間がかかるとは思いますが、自分に合った旅のしおりは誰かがつくってくれるものではないように、山行計画書も自分でつくるしかありません。今では、わたしも事前に山行計画書をつくらないと落ち着かないようになってしまいました。

また、安全な場所で、頭の中であらゆる事態を想像してトラブルシューティングをすることは、自分自身の身を守るトレーニングにもなります。安全な場所で山行計画を立てている時の自分を思い出せば、冷静になるきっかけにもなります。そもそも山に登るのはきつくて大変だという人も山行計画書をつくっている時が一番楽しい、というぐらい奥深いものであり、登山では必須の準備体操のようなものなのです。

テーピングのテクニック

遭難や事故のほとんどは、体力や集中力が切れる下山時に発生します。下山時は比較的危険の少ない場所でも膝や腰の踏ん張りが効かなくなり、転倒や滑落の危険性があるので注意が必要です。テーピングの基本を知っておけば外傷予防に役立つので、知っておくとよいでしょう。

まず、テーピングの基本は、関節を固定し、負担を減らすことです。関節がしっかりと固定されていれば、どの方法でも問題はありません。固定され過ぎていると関節が動かなくなりますが、痛みが強い時はテーピングで強く固定して、負担を最小限にしながら、別の部位でサポートするしかありません。

わたしたちの身体は骨と骨を関節でつなぐことで動くようになっています。例えば、背骨の中でも胸椎と言われる胸の領域は、肋骨によって動かない仕組みになっています。皆さんも後ろを振り返る時は、胸を動かすのではなく、首か腰をねじるはずです。つまり、動きやすい部位だからこそ、首（頸椎）や腰（腰椎）は痛めやすいのです。例えば、日常的な動きでも腰は柔軟に動き過ぎるからこそ負担がかかり、腰痛が生じます（椅子に座るなど腰の構造にとっては不自然なライフスタイルも影響しています）。ちなみに、頸椎損傷が疑われる場合は頸椎カラーと言われる頸椎の固定を行い、腰椎損傷が疑われる場合はコルセットを用いて患部を固定します。

これらと同様の考え方で、山でも外傷や障害が起こった場合には膝や足首にテーピングをしておくと負担を軽減することができます。動きやすく柔軟な場所は、腰や首と同様に損傷を受けやすいので、あえて動きにくくすることでダメージを防ぐ、ということがテーピングの基本的な考え方になります。登山靴を購入する時に、「最初は歩きにくいようでも足首をしっかり固定する」ことを店員さんから教わりますが、これもテーピングと同じ考え方です。一見歩きにくいように見えても、長時間の登山では足首を固定して歩く習慣をつけることが大切になります。本書では手軽にできる基本的な「アンカー」と誰にでも簡単にできる「スターアップ」の二つのテーピングの方法を紹介します。

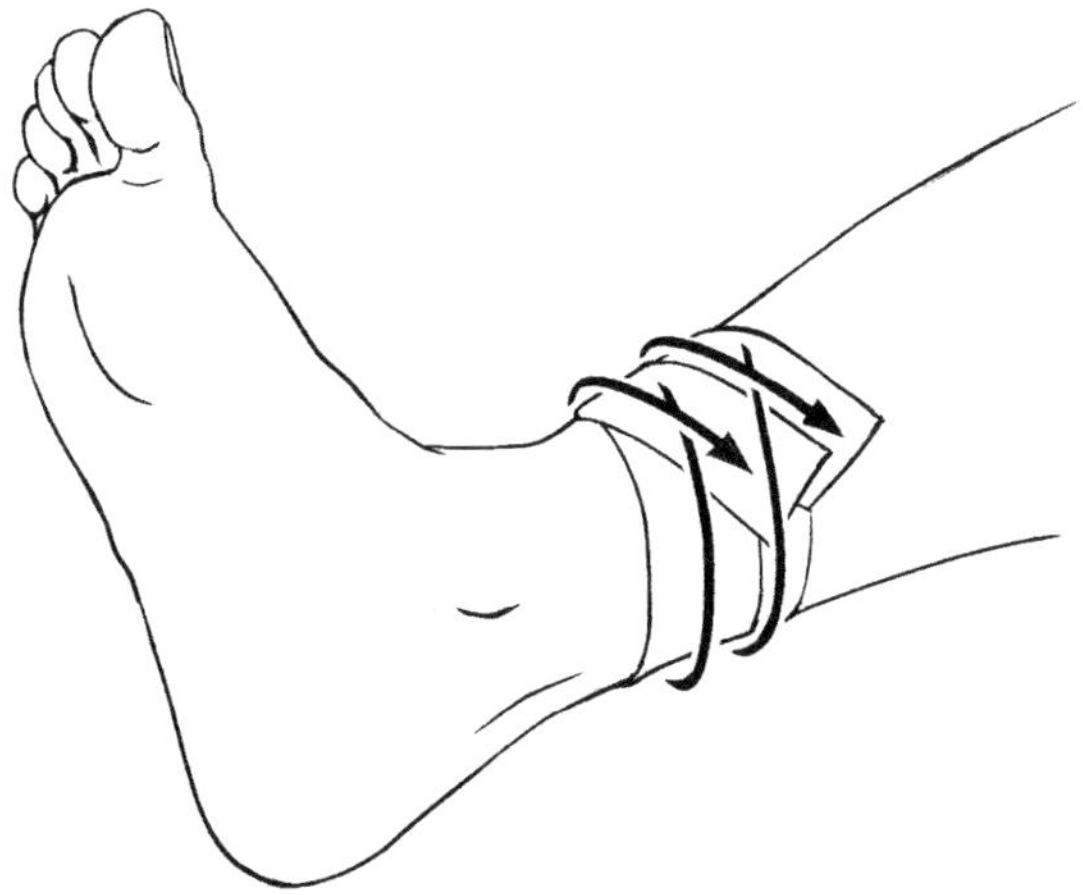

アンカー

幅5㎝、長さ30㎝程度にカットしたテープを4本用意する。内側のくるぶしから拳一つ分の位置を起点に1本目のテープを強く巻く。2本目のテープは、1本目と同じ強さになるよう、1/3程度重ねて巻く（足の爪の色が変わるのは、血流が悪い証拠なのでゆるめる)。反対側の足も同様にテーピングする。

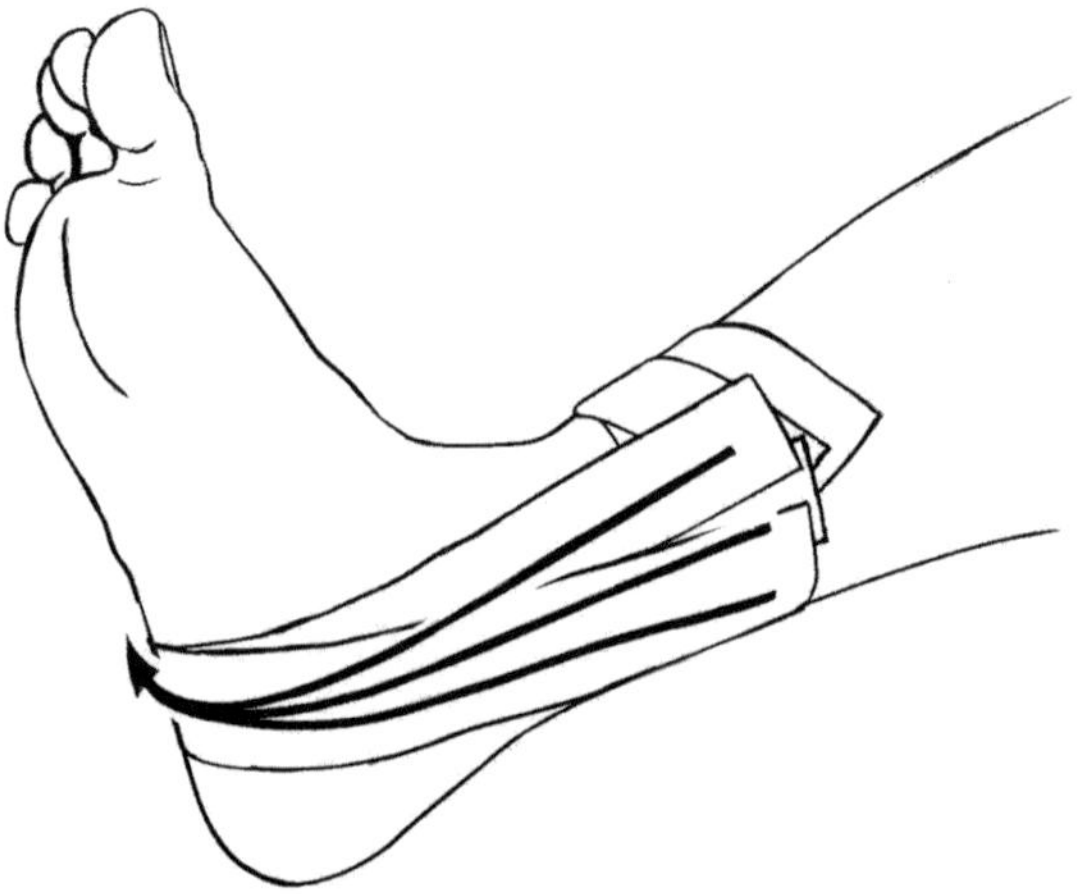

スターアップ

幅5cm、長さ30cm程度にカットしたテープを6本用意する。アンカーの内側の脛の位置にテープの先端を貼り付け、かかとの下を通って外側へ巻いていく。さらに、1本目を補強するために2本目、3本目をかかとの下でクロスするように巻く。反対側の足も同様にテーピングする。

止血の対応

登山外傷の死因の多くが出血多量だと言われています。転倒による外傷を負った遭難者を救助隊が探し出すことができても、止血の処置ができていなかったために死亡してしまったというケースが後を絶ちません。したがって、止血は、自分の身を守るためにも、そして、自分以外の登山者のいのちを救うためにも身につけておいてほしいテクニックです。人間は全身の血液量の2分の1を失うと失血死してしまいますが、とくに注意する必要があるのが動脈からの出血です。動脈からの出血は静脈に比べて勢いよく吹き出すため、短時間に大量の出血をする恐れがあります。

そうした時に効果的な止血法が「直接圧迫法」です。直接圧迫法は、傷口を十分に覆える大きさの被膜材やガーゼを当て、手で強く圧迫します。そして、一度圧迫したら、ガーゼなどは外さずに押さえ続けてください。この方法で約10~15分で止血できます。血管が大きく損傷している場合は、血管縫合が必要になりますが、医療機関で手術できるまでに行うことができる最善の方法は、圧迫止血に尽きます。10分以上圧迫しても止血できない場合は、その後も押さえ続けるしか止血する方法はありません。手で押さえ続けることができない場合は布やタオルで出血しなくなるまで強く縛ることになります。

止血の際の注意点ですが、感染防止のため、負傷者の血液や傷口に直接触れないように注意します。そして、血液が凝固したら傷口を水で洗い、体内の異物を流水でしっかりと落としてください。その後、持参した専用の被膜材などで覆うとよいでしょう。なお、ガーゼは、傷口にくっつきやすいため、薬局で売っている傷専用のハイドロコロイド製剤（創傷被膜材、キズパワーパッドやハイドロコロイドパッドなど）のほうが傷口の治りが速く、かつ衛生的です。患部に消毒液をかけることもかえって症状を悪化させるので注意してください（手術の時は創部に雑菌が混入しないように事前に皮膚消毒を行いますが、目的が異なります）。傷を治すことが目的の湿潤療法では、傷口をきれいに洗うこと、傷口自体を消毒しないこと、乾燥させないことが重要とされているので覚えておくとよいでしょう。また、遭難時は水筒の残りの水分が心配になりますが、少量の水でも高い洗浄力があるので活用してみてください。なお、被膜材がない場合は、ラップなどで代用することも可能です（やけどの場合は、白色ワセリンを塗布してラップで創部を被覆します）。

他の登山者が大量の出血をしている場合は、意識や脈拍の状態を確認しながら、ショック状態に陥っていないか観察してください。肌の色が青白くなっていたり、頻脈、過呼吸などの症状が現れていたりしたら、多量出血によるショック状態の可能性があります。そうした時は仰向けの状態で下肢を15～30㎝程度上げ、保温します。また、重症の場合は迅速にレスキューシートで包んで感染症を防ぐことも重要です。感染症にかかってしまうと、傷の手当以上に時間がかかってしまう可能性があります。

直接圧迫法

傷口を十分覆える被膜材などで約 10 ～ 15 分止血する。

RICE処置

打撲やねんざなどでは、一般的にRICE処置を速やかに行います。RICEは、Rest（安静）・Icing（冷却）・Compression（圧迫）・Elevation（挙上）の四つの処置の頭文字から名付けられました。安静（R）にすることが回復を早め、冷やす（I）ことで毛細血管を収縮させて内出血を防ぎます。そして、包帯で患部を軽く巻いて（C）腫れを防ぎ、多くの血流が心臓に向かうので、患部を心臓より高い位置に挙上し（E）、腫れや内出血を防止します。

実際に外傷を負ったとしても、ねんざと骨折はレントゲンを撮ってみないと正確な診断がつきません。脱臼だと思った場合でも骨折や筋組織が損傷している可能性もあります。自分で判断ができない時は骨折だと考え、負傷者を安静にして応急処置をするにとどめましょう。これらの外傷では、まずは速やかに患部を冷やします。冷水があれば、タオルを浸して絞ったものを患部に当ててもよいでしょう。アイシングをするのとしないのとでは、傷の治り方や痛み方に大きな差が出るので、必ず行ってください。

アイシング後、ねんざや骨折だと分かった場合は、副木《そえぎ》を当ててテーピングやタオルなどで圧迫固定します。とにかく患部を動かないようにすることが重要です。副木は山中の木の枝やストック（登山用の杖）などを活用するとよいでしょう。また、患部が足首の時は、靴の上からテーピングで固定します。脱臼の場合は、揺れを防ぐ目的で患部を身体ごとテーピングで固定します。患部が骨折している可能性を考え、とにかく動かないようにすることが大切です。患部の固定がゆるくなってきたら面倒くさがらずにしっかりと再度固定しましょう。支えがないと歩けない時は、ストックとテーピングテープを用いた松葉杖をつくって代用します。

松葉杖をしっかりと見たことがない方も多いかもしれません。松葉杖は、脇の下に杖を入れて、体重をしっかりと乗せることができるような構造になっています。こうした松葉杖と同じ構造をストックなどを組み合わせてつくることができます。

ちなみに、涸沢診療所の裏手には涸沢カールという天然の冷凍庫がありました。カールとは、「圏谷《けんこく》」とも呼ばれる、氷河の侵食作用で山肌がスプーンで削り取られたお椀のような地形をしている谷のことです。涸沢カールは、前穂高岳、奥穂高岳、涸沢岳、北穂高岳が連なり、稜線も３０００ｍ級の高さで、最大約９００ｍの標高差がある日本最大級のカールです。この場所には、1年中真夏でも天然の雪があり、診療所で患者さんの患部を冷やす時は、裏手にある雪を取って冷やしていました。そこでは、部員たちが食べるスイカや牛乳などを冷やして保存したこともあります。

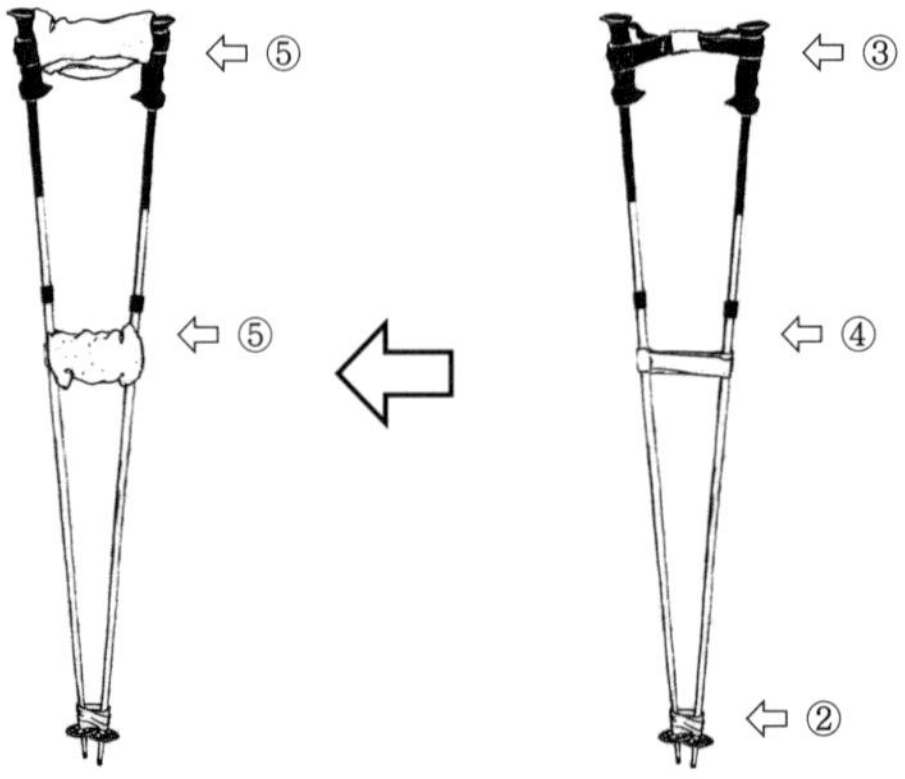

ストックでつくる松葉杖

①身体の大きさに合わせて、2本のストックのシャフトの長さを決める（長さは、脇の下から地面までを基準にする）。
②グリップの反対側の先をテーピングで固定する。
③ストラップを長めに引き出し、両方のグリップに引っかけ、結ぶ。
④ストラップを結んだ脇台を脇の下に固定して、持ち手の位置を決め、テーピングで持ち手を作成する。
⑤脇台と持ち手に滑り止めのタオルや布を巻く。

やけどの対応

やけどは、山岳診療所で比較的よく遭遇しますが、一般の方は意外だと感じるかもしれません。実は、テントの中でお湯を沸かした時に、こぼしてやけどを負うことがあります。バーナーには、テント内で火を使用しないようにと注意書きがされていますが、実際には雨の日などにテント内でお湯を沸かすことも多いのが現実です。その際、荷物や洋服などをテント内にしまうことで必然的に空間が狭くなります。狭いテント内ではとにかくお湯の扱いには気をつけて頂きたいと思います。

やけどは皮膚が損傷し、皮下の組織が直接的に空気に触れることで痛みを感じます。やけど治療として一番簡単なのは、白色ワセリン軟膏をやけどの部位に塗り、その上をラップで被覆し、人工的な皮膚のような状態をつくることです。軟膏を毎日塗り直して、ラップのような透明のフィルムで覆えば、軟膏は吸収されずに新しい皮膚を再生させることができます。もちろん、深いやけどの場合はより本格的な治療が必要になるので、下山後に必ず皮膚科や形成外科などを受診してください。

心臓疾患予防のポイント

健康な人でも山登りや激しい運動をすると息切れを感じます。これは身体が必要とする酸素の量と実際に取り込まれている酸素の量のミスマッチが起きていることが原因で、人体において通常の反応です。坂道や階段を登る動作では、平地を歩いている時よりも多くの酸素が必要になります。この時、以前は問題なかった坂道や階段の軽い負荷で息切れを感じるようになることを、「労作時息切れ」と呼びます。軽い動きで息が切れる、胸が痛くなる、という状態は、心臓や肺に深刻な症状が出る前のサインです。とくに安静時や就寝時にこうした症状が出始めている場合は、心臓疾患や労作性狭心症など、いのちに関わる重大な疾患を発症している可能性があるので注意が必要です。

とはいえ、登山での負荷がきっかけとなって心臓疾患の症状が表に出てくる場合もあります。山での心臓疾患死は、ほとんどが中高年の男性で、女性は女性ホルモンの影響によって、男性に比べ心臓疾患になる年代が高いことが分かっています。また、心臓疾患の既往歴や家族歴がある方、動脈硬化のリスク因子である血圧、血糖、コレステロールなどの数値が高い方や煙草を吸う方も注意が必要です。

山で心臓疾患になってしまうと死に直結します。したがって、登山中は心臓疾患を予防することに尽きます。とくに登山中は、心臓疾患のリスク因子である脱水症と極度の乳酸の分泌には注意しましょう。自分の身体を痛めつけるような過剰な負荷も禁物です。ちなみに、乳酸を溜めない登山のペースの目安として会話をしながら歩けるペースなどがあります。自分に合ったペースを見つけてみるとよいでしょう。

運動と虚血性心疾患との関連に関する学術的な報告は1960年代から始まっています。ハーバード大学の卒業生の男性約一万七千人を対象とし、1週間の運動量と虚血性心疾患の死亡率の関連を調べた研究では、「身体活動量が週500kcal未満の死亡率が一番高く、週ごとの活動量が増えるほど死亡率は低下し、週2000kcal以上になると死亡率が横ばいだった[2)]」という報告があります。さまざまな身体活動のガイドラインは、この研究を参考にしていますが、ほどほどの負荷が健康によいのか、それ以上に負荷をかけたほうが健康によいのか、ということについてはいまだ議論があるところです。

そこで、まずは登山前に一度は市街地で坂を登ってみたり、階段を積極的に活用したりして労作時息切れが起きないかをチェックしてみましょう。そして、登山を想定したトレーニングをしておくことも心臓疾患の予防には大切です。

まず、登山のトレーニングとしてお勧めしたいのが、ハイキングです。患者さんにも、生活習慣の改善を楽しくやってもらうという延長線上で登山よりもハイキングを勧めることがあります。ハイキングは激しい高低差はないので物足りなく感じるかもしれませんが、いきなり長時間歩くのは筋肉痛やねんざなどを引き起こす可能性があります。ハイキングの前にまずは週1回、30分程度のウォーキングやジョギングや水中歩行などの有酸素運動を行い、徐々に身体を慣らしておきましょう。なかなか時間が取れない方は、自宅の最寄り駅の一駅前で下車し、歩いて帰るのもよいでしょう。

そうして段々と身体が慣れてきたら、近場の低山に登ってみるのもお勧めです。国内には、ほどよい低山が数えきれないほどあるので紹介しきれませんが、例えば、神奈川県と東京都の境に位置する陣馬山（標高855m）、三浦半島の大楠山（標高241m）は駅から気軽に行ける低山です。長野県の低山は北アルプスが一望できるので景色も壮観です。いつか北アルプスに登りたいという気持ちが湧いてくるのではないでしょうか。

例えば、長野県には小布施町の雁田山《かりだやま》（標高759m）、上田市の独鈷山《とっこさん》（標高

1266m)、長野市の虫倉山(標高1378m)、安曇野市の光城山《ひかるじょうやま》(標高912m)など、危険個所が少なく、登山道がよく整備された低山はたくさんあります。こうした低山は登山ガイドブックよりも、一般向けの観光案内で地元の人が紹介していることが多いのでチェックしてみるとよいでしょう。わたしが山岳診療所で毎年のように訪れていた北アルプスの穂高山域にも、ハイキングの名所として有名な上高地があります。神降地《かみこうち》から上高地という呼び名になったと言われるほど、早朝などは神々しい雰囲気が今でも残っています。

ちなみに、雑誌『BRUTUS』(2023年7月1日号、No.987)では、「山を、歩こう。」という特集が組まれました。わたしも山を歩きながら、考えるというテーマでインタビューを受けましたが、この特集は、山を歩く「山歩《さんぽ》」を提唱しています。これは、近所を歩く「散歩」のように、安全な山を山歩しましょう、という提案です。何事も楽しくなくては続けることはできません。楽しさや喜びという感覚を大切にしながら、少しずつ山との関係性を深めてください。登山ってきついけど楽しいね、という感覚からトレーニングを重ねていけば、楽しさとつらさが複雑に入り混じる登山の醍醐味を味わいながら、無理なく続けることができるのではないでしょうか。

心臓疾患の対応——心臓マッサージの意義とコツ——

前項で紹介したことを守っていても、心臓発作や心臓疾患が起こってしまうことがないとは言い切れません。もし、登山中に胸の異常を感じたら、ただちに安静にしてください。一度異常が収まったとしても再び発作や症状が起こることがあるので注意しましょう。心臓疾患が疑われた場合には、まず、救助を要請します。山小屋にＡＥＤ（自動体外式除細動器）がある場合は持って来てもらい、万が一反応が悪くなったり呼吸が止まったりすることがあれば、心臓マッサージやＡＥＤの装着を開始してください。

また、心臓疾患においては、心臓マッサージのタイミングが生死を分けるといっても過言ではありません。心臓マッサージはできるだけ早く開始し、中断しないように心掛けましょう。心臓マッサージの目的は脳に血流を送ることです。心臓は通常であれば約1秒に1回のリズムで拍動を続けていますが、脳への血流が途絶えると脳死へと至ってしまいます。心停止時には脳へ血流を送り続けることが脳死を防ぐ手段になります。

まず、心臓マッサージをする際は肋骨の上から心臓を押します。心臓の中にある血液を脳へと送り込むためには、相応の力が必要です。そのため、しっかりと両手を組み、自分の全体重をかけるようにして1分間に100回のリズムで心臓を押し込んで脳へ血流を送り続けなければなりません。心臓マッサージは、とても体力を消費するので、疲れてきたら、遠慮せず周囲の人と交代してください。ちなみに、各自治体の消防署でも一般向けの救命処置講習を積極的に開催しています。また、事前にYouTubeなどの動画で救命処置の方法を見ながら、しっかりと学んでおけば、危機的状況でも必ず役に立つでしょう。

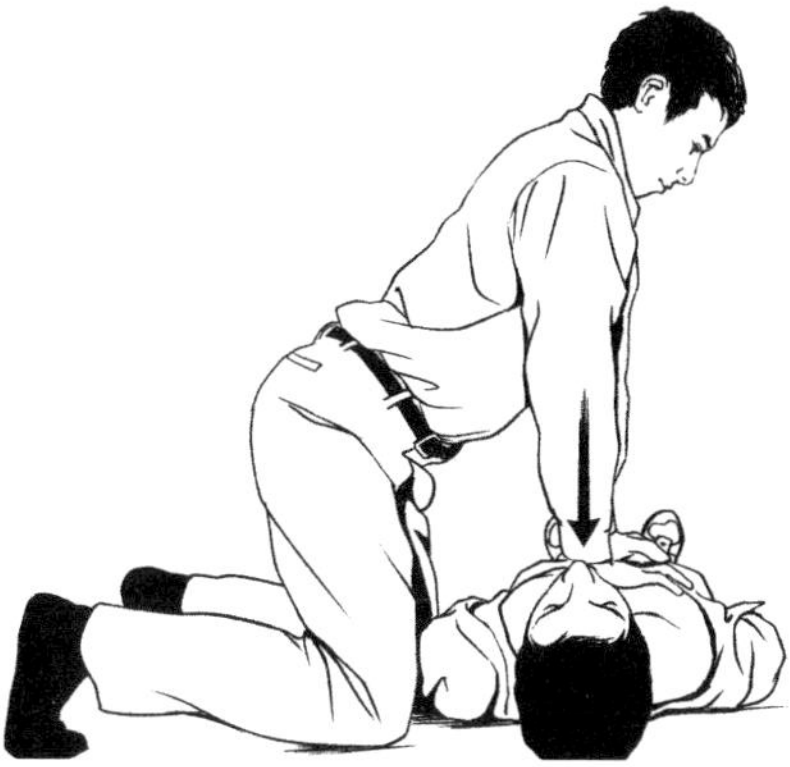

心臓マッサージ

しっかりと両手を組み、全体重をかけるようにして肋骨の上から心臓を押す。

低体温症・凍傷予防のポイント

寒冷障害で代表的な症状が低体温症です。低体温症は、深部体温が35度未満になると発症し、震えが止まらなくなったり、意識が朦朧としたり、循環機能の低下などの症状が生じたりします。低体温症というと冬特有の症状だと思われる方も多いかもしれませんが、実は夏季限定の涸沢診療所でも多く見られる症状です。

冬は防寒対策をしっかりとしたうえで登山に行きますが、それ以外の季節では、装備が不足しがちになります。とくに夏は暑さによる発汗で下着が濡れて体温を奪われるケースや突然の悪天候や沢登りによって全身が濡れてしまうケースが後を絶ちません。真夏の8月でも雨が降ったりすれば、涸沢診療所（標高2309m）でも暖房器具を使うことがよくあります。山は都市部と全く環境が異なることを理解したうえで、軽量の防寒着を備えておくとよいでしょう。道具を最小限にしながら、あらゆる天候に対応できる準備をすることも重要な山のトレーニングです。登山着はなるべく防水と透湿機能に優れたものを選び、とくにコットン性のものは水分を含みやすい傾向にあるので、化学繊維の速乾性のあるものを選んでください。くわしくは登山具屋さんに相談してみるとよいでしょう。

ちなみに、低体温症のサインは身体の震えです。深部体温が35度未満になると、身体は震え始めると言われています。これは、全身を振動させることで体温を一定に保とうとするホメオスタシス（恒常性：homeostasis）の働きの一環です。震えはいのちが危険な状態になる前兆ではありますが、まだ自力で回復できる状態であることも示しています。低体温症を予防するためには、震えを感じる前にエネルギー補給することが大切です。そこで、エネルギー補給でお勧めしたいのが、ゼリーなど、休憩時間に少しだけ口にできるものです。ちなみに、わたしは登山の際にバナナやチョコレートを持って行くようにしています。また、自分で握ったおむすびも疲れた身体に元気を与えてくれます。普段はダイエットをしている方も登山の時だけはエネルギー不足にならないよう十分な食事を心掛けてください。

寒冷障害のもう一つの代表的な症状が凍傷です。凍傷は、寒さで血管が収縮することで生じ、凍傷部の組織は凍っていなくてもダメージを受けています。また寒さによって血栓を生じることがあり、血栓が原因で血液が流れなくなって組織が壊死することもあります。凍傷は、重症度によっても症状が異なります。比較的症状が軽い凍傷は、皮膚に感覚のない白斑が生じますが、温めることによって症状が改善することがほとんどです。この場合は慌てず温め続けてください。一方、やや症状が重い凍傷では水疱と腫れが見られます。さらに症状が深刻になると、手足の感覚がなくなり、水疱とともに青白く硬くなります。とくに水疱内に血液が混じっている場合は、症状が深刻なので注意が必要です。

なお、凍傷予防のポイントは、血流の改善に尽きます。手指の感覚がなくなってきたら、握り拳をつくってグーパーを繰り返すなど、血流を送るために刺激を与え続けるとよいでしょう。皮膚の血液の流れをよくしたり、皮膚を保護したりする作用を持つユベラ軟膏などを事前に手足に塗っておくのも凍傷の予防につながります。

また、足指の感覚がなくなってきた場合は足踏みしたり歩いたりしてみましょう。なお、靴下が濡れていると復温できません。水や氷で濡れていると凍傷が促進されるので、予備の手袋や靴下を持参することも心掛けてください。冬山では濡れた下着類を乾かすためにお腹の皮膚温で温めるようにして眠ることもあります。靴は濡れにくいように防水コーティングをしておくなど、日頃からの登山用具のメンテナンスも重要になります。

低体温症・凍傷の対応

低体温症は、身体をとにかく冷やさないようにすることが大切です。天候が悪くなる場合は、ルートを変更したり、場合によっては登山を中止することも選択肢に入れましょう。雨や汗で濡れてしまった時は、速やかに登山着や下着を交換してください。低体温症は毛布などで身体を包み、温かい飲みものを摂ることで回復することがほとんどです。意識を失っている場合は、速やかにレスキューを手配しましょう。

凍傷は、市街地でも起こり得るものです。体感温度がマイナス20度（風速1mにつき体感温度が1度下がる）の環境で、10分以上肌が露出されると凍傷が起こります。凍傷になった部位は温めることが基本ですが、擦ると組織を損傷させてしまう恐れがあります。患部を温める際は必ず40℃程度のお湯で温めるようにしてください。なお、急速に温めたほうが、凍結した組織の損傷を最小限にとどめることができます。患部の融解中は激しい痛みを伴う場合がありますが、これは感覚が戻ってきている証拠です。なお、一度凍傷になった部位は再び凍傷になる可能性があるので注意しましょう。

高山病・熱中症・脱水症予防のポイント

登山の事故は、夏に圧倒的に多く起こります。なぜかというと3000mを超える山では夏以外には雪が残っていることもあるため、初心者は夏山に登ることがほとんどだからです。とはいえ、山特有の高山病、夏特有の熱中症や脱水症は、知識をつけて準備をしておけば、たいていの場合は防ぐことができます。

ちなみに、高山病は標高が高くなり、大気圧が低下して、酸素の濃度が薄くなって引き起こされる病気です。標高1500mくらいになると、空気中の酸素量は20%少なくなると言われており、診療所には高山病のような症状を訴える方が多く訪れます。高山病の症状としては、頭痛、吐き気、疲労感、めまい、睡眠障害などがあります。高山病には誰もがなる可能性がありますが、寝不足などの身体のコンディションが大きく影響します。実際の登山では、深夜の高速バスで現地を訪れ、ほぼ寝ないで早朝からハードな登山を開始する方が多くいます。気力と体力が十分な状態でのぞめるように登山計画を考えることも安全に登山を行う準備の一つになります。

一方、熱中症と脱水症予防のポイントは、いずれも適切な水分補給になります。汗をかくと水分以外にもナトリウム(塩分)やカリウムを排泄するので、水分の補給の際はこれらの栄養素も同時に摂取することが大切です。したがって、栄養素がバランスよく含まれた市販のスポーツ飲料などを活用するのもよいでしょう。これらの飲料を30分に1回程度を目安に喉が渇く前に少しずつ飲んでください。ちなみに、腎臓の機能が問題なければ、必要以上の水分は尿で排出されます。休憩時には意識的に多く水分を摂取して、脱水予防に努めてください。

なお、スポーツ飲料を持参するとザックの重量が重くなってしまうのでスポーツ飲料のパウダーを持参することをお勧めします。また、最近市販されるようになった経口補水液は、スポーツ飲料よりも塩分濃度が高く配合されているので、脱水症に高い効果を発揮しますが、値段が割高です。パウダー状のスポーツ飲料に加える水を少なくして濃度を濃くすると経口補水液の成分に近くなるので試してみるとよいでしょう。

とくに起床時は、軽い脱水症になっているので、朝食とは別に必ず500㎖程度の水分補給をしてください。また、冬山では想像以上に体内の熱を発生させるため、脱水になりやすいと言われています。睡眠前と起床後には、お茶や紅茶(夜間にはカフェイン抜き）などを大量に摂取するとよいでしょう。夏山の場合も、暑さや疲労などで想像以上に脱水になっていることがあります。行動中に水分を摂り過ぎると動けなくなる人もいるので、1日の山行が終わったら必ず水分を摂取しましょう。

実際、涸沢診療所では、点滴をするだけで元気になる人も多く、脱水が原因で全身状態が悪化しているケースが多いと感じています。もし、登山中に分からないことがあれば、山岳診療所のスタッフに相談してみてください。医学的な知識だけではなく、山岳経験も豊富な医療者が関わっているので参考になるはずです。

高山病・熱中症・脱水症の対応

山岳診療所の多くが酸素ボンベを常備しているため、酸素を吸入することも可能ですが、実際、登山で疲れているのか、高山病の症状なのかを判別するのが難しいところがあります。休んでよくなる場合は疲労の要素が大きいですが、高山病になったら下山するしかありません。登山の中止も選択肢に入れましょう。熱中症、脱水症の場合も日陰に移動するとともに、登山を中止し、速やかに助けを求めてください。

実は登山では山に登ることよりも、下山する時の勇気のほうが大切です。わたしも何度も体調不良となり、下山した辛い経験がありますが（下山中は悔しくて涙も出てきました）、登山は健康あってのものです。その悔しさの感情が山との関係性をさらに深めてくれるのだろう、と思います。

山岳診療に携わる立場から

涸沢診療所で診察をしていると、患者さんは、最初からヘリコプターを呼ぶことを前提にしている場合があります。自力の下山で大事故につながるような患者さんであれば、もちろんヘリコプターでの下山も検討します。しかし、患者さんといっしょにそれ以外の手段を考えることも山岳診療に携わる者の役割ではないかと思います。なぜなら、せっかく自分の足で歩いてきたのだから、同じ登山者として最後までなるべく自分の足で歩いてもらいたい、という想いがあるからです。弱い自分が表に出てくる時、その弱さに立ち向かえるのは自分しかいません。一人で内なる敵と戦うのは容易ではありませんが、そこに伴走者がいれば、克服することもできるのではないかと思います。

『ことばのくすり――感性を磨き、不安を和らげる33篇――』（大和書房）という本にも書きましたが、山岳診療所のように物資がない場所では、「くすり」のように働く「ことば」を発することも医療の一つだと思います。本当はまだ余力があるにもかかわらず、心が折れそうになっている時、どのようなことばを掛ければ、「よし、頑張ろう」と思えるようになるのか。心のどの層にことばを届ければ、心が動き、弱い自分を乗り越えることができるのか。相手の表情や話しぶり、声のトーンから発せられる些細な情報を受け取りながら、自分自身が医療者としてできることを考えていました。すると、ことばをくすりと見立てて、慎重に丁寧につむいでいくことの大切さに気づくようになりました。

登山には楽しい面がある一方で、自分自身の限界とも直面し続ける必要があるので、辛い場面も数多く起こります。なぜ、こんなところに来たんだろう、早く快適な場所に戻りたい、足が痛い……など、身体感覚とともにあらゆる感情とことばが脳の中を駆け巡り、衝突し続けます。ただ、それは自分自身の心の枠を突き破ろうともがいている瞬間でもあるのです。そうした心的エネルギーの葛藤と衝突を繰り返しているうちに、いずれ自分の心の枠を壊して再創造してくれる瞬間が訪れます。成長とは、痛みや苦しみを伴いながら、より大きな心へと生まれ変わるように変化することでもあるのです。

ただ、こうした再創造は、思考が衝突し合うだけではなかなか起こりません。外部からのことばの声掛けにより、化学反応が生じるのです。もし、パーティーを組むのであれば、メンバーの辛い状況に共感を示した上で、優しく力強いことばを掛けてみましょう。飛行機や鳥が揚力で上昇するようなイメージを持って、ことばを掛けるのです。すると、ことばが光源となり、負のスパイラルから脱出する糸口となることがあります。

また、長い人生も登山と同様に、自分の足で歩き続けなければなりません。誰かが伴走者になることはできても、代わりに歩くことは決してできないのです。わたしは、登山において、そうした過酷な現実と向き合い、心の中で弱音を吐き続ける自分と出会い続けてきました。その中でどう一歩を踏み出せばよいのか、どう歩き続ければよいのかなどを学びとり、人生の課題にも応用してきました。例えば、登山には体験でしか学べないことがあることや、仲間となら乗り越えられる壁があることなどの気づきを得られれば、あなたを支える内なる力になるはずです。登山中に雨になることもあれば晴れになることもあります。しかし、雨の日でも宇宙空間では太陽は輝き続けているのです。登山で学んだことを人生の節目で思い出し、活かすことができれば、どんな困難な時も休憩を挟みながら、前を向いて一歩一歩歩み続けることができるのではないでしょうか。

参考文献
1）警察庁の統計「令和3年における山岳遭難の概況」：https://www.npa.go.jp/publications/statistics/safetylife/chiiki/r03sangakusounan_gaikyou.pdf
2）Paffenbarger RS Jr, et al. Chronic disease in former college students: I. Early precursors of fatal coronary heart disease. Am J Epidemiol 1966;83:314-28.

おわりに

山は地球の隆起であり、皮膚のようなものです。そんな地球の表面の曲線が、人間界や自然界の絶妙なバランスに一役買っているというのは不思議なことです。山は木や森を備え、そこは動植物の住み家でもあります。木や森を支える土にも膨大な細菌を含めた生物が生きていて、生きとし生けるものの住み家になっています。したがって、山はあらゆる生命の居場所でもあります。そんな山から生まれたものを「幸《さち》」として人間を含めたあらゆる生き物が受け取っています。give and takeの関係性で言えば、山はgive and give and give……、とにかく与え続ける存在であり、宇宙空間での太陽のような役割を地球では山や海が引き受けています。

わたしは山が無言でgiveし続ける（与え続ける）存在であることから、まずgiveする（与える）ことを行動の原理に据えるようになりました。あまり深く考えず、何かを受け取ることを期待せずにまず与えてみる。放出してみる。表現してみる。わたしにとって本を書くことも表現の一つです。わたしが山から学んだこと、takeした（受け取った）

ことは数多くあり、すべてを言語化できるわけではありません。その一部でも文字を介して読み手の心の中へと運ばれれば、わたしは山への恩返しを多少なりともできているのではないかと思っています。

太古から存在する山や海、そうした自然界。そこに作者はいません。あなたの手や足、顔や身体、内臓。そこにも作者はいません。こんな不思議なことがあるでしょうか。わたしが今生きている。生きているためにはこの肉体が必要ですが、その作者は誰なのでしょうか。人間のいのち、自然界のいのち、この絶妙なる生命システムを、果たして誰がつくったのか、そこに創り手としての作者はいるのか。もし明確な作者がいないとしたら、なぜ今ここにわたしやこの自然界が存在しているのか。そうしたことが子供の頃から謎でした。もちろん、今でも分かりません。例えば、神の存在など、何らかを仮定することで合理的に解釈し納得することもできるのかもしれません。しかし、わたしはそうした謎や不思議に包まれていることこそが、尊いと思うのです。明確に理解して割り切ることよりも、不思議や謎を抱えながら、それらを中心にして生きていくことこそが、人生に深みや余白を与えるのではないかと思います。

山はそうした不思議や謎を開示しながら、わたしが投げ掛けた疑問をすべて包み込むようにして、悩めるわたしを見えざる力で導いてくれました。もちろん、山は美しく優しいばかりではありません。時には怖い一面も垣間見せます。ただ、山は善人だろうと悪人だろうと、人種や国籍の違いがあろうとなかろうと、すべてを平等に扱ってくれます。自然はどんな存在にとっても中立なのです。地球上には、こうした寡黙で中立な存在がいる。それだけでもわたしは希望を感じます。なぜなら、人間はどうしてもどちらかに偏ってしまうからです。だからこそ、山のように中立な存在を深く理解するように体験することが、わたしたちの心や魂を養い育ててくれるのではないかと思います。

あなたの個人的な山の体験は、必ずあなたを支えてくれます。決して山を甘く見ないようにしながら、山と山を支える人や存在に感謝をしながら、あなたなりの距離感で山を体験してください。この書籍がその一助になれたならば幸いです。

最後に、丁寧に本の伴走をしてくれた編集の奥村友彦さん、突き抜けた装丁を！という我儘な依頼に霊感に満ちた素晴らしい作品で返してくれた装丁の原条令子さん、素敵なイラストを添えてくれた藤原徹司さんに感謝しています。一つの共同作品だと思っています。また、わたしの生活を静かに支え続けてくれる家族にも感謝を添えさせてください。心からありがとうございます。

SERIES CHRONIC

叢書クロニック──創刊のことば

いつまでも健康でいたい。これは万人共通の願いではないでしょうか。今日では健康寿命の延伸や健康意識のニーズの高まりによって、人の誕生から死に至るまでありとあらゆる領域が医療の対象とされ、治療の専門化も進んでいます。しかし、人は生きている以上、病気と無縁でいることはできません。具体的な症状があれば医者に相談できますが、健康になる方法は誰も教えてくれません。では、どうすれば健康になれるのでしょうか。

健康の定義はWHO憲章*に代表されるように、必ずしも肉体や精神の健康に限定されるものではありません。そして、健康の解釈は社会や文化によっても異なり、多様性があります。ただ、健康について一つ言えるとするならば、それは「病気ではない状態だ」ということです。つまり、健康になるためには、病気とは何かについても深く知る必要があります。

アメリカの精神科医で医療人類学者のアーサー・クラインマンは、病気の概念を医者が治療対象とする疾患（disease）と患者が経験する物語（病気の意味）としての病い（illness）に分け、「治るとも限らない慢性疾患に苦しむ患者の物語にこそ、病いの本質である多義性が表されている」と指摘しました。つまり、物事の本質を理解するためにはその構造の外に一度出てみることが大切なのです。

本シリーズでは、医学はもちろんのこと人文、アートなど様々な領域の著者の「語り」を通して、慢性疾患を中心とした「病いの意味」と「健康の多様性」をとらえ直すことを目的に創刊しました。シリーズ名の「クロニック」は、英語で「慢性疾患」を指しますが、「病みつき」「長く続く」というポジティブな意味も持っています。

本シリーズが読者の皆様に末永く愛され、そして、読者の皆様がいつまでも健康でありますように、と願いを込めて。

＊WHO憲章前文「健康とは、病気でないとか、弱っていないということだけではなく、肉体的にも、精神的にも、そして社会的にも、すべてが満たされた状態にあることをいいます。」

著者略歴

稲葉 俊郎（いなば としろう）

1979年、熊本生まれ。医師。東京大学医学部附属病院循環器内科助教を経て、2020年3月より軽井沢へ移住。現在は軽井沢病院院長・総合診療科医長、信州大学社会基盤研究所特任准教授、東京大学先端科学技術研究センター客員研究員、東北芸術工科大学客員教授に就任。「山形ビエンナーレ2020、2022」では芸術監督も務める。医療の多様性と調和への土壌づくりのため、西洋医学だけではなく伝統医療、補完代替医療、民間医療も広く修める。芸術、音楽、伝統芸能、民俗学、農業など、あらゆる分野との接点を探る対話を積極的に行う。共著に『見えないものに、耳をすます―音楽と医療の対話―』（アノニマ・スタジオ）、著書に『いのちを呼びさますもの――人のこころとからだ――』『いのちは のちのいのちへ―新しい医療のかたち―』（アノニマ・スタジオ）、『ころころするからだ』（春秋社）、『からだとこころの健康学』（NHK出版）、『いのちの居場所』（扶桑社）、『ことばのくすり』（大和書房）など。

www.toshiroinaba.com

イラスト　藤原 徹司
デザイン　原条 令子
DTP　濱井 信作（compose）
校正　佐藤 鈴木
編集　奥村 友彦

山のメディスン

―― 弱さをゆるし、生きる力をつむぐ ――

2023年11月30日　第1刷発行

著　者 稲葉 俊郎
発行者 須永 光美
発行所 ライフサイエンス出版株式会社
〒105-0014　東京都港区芝3-5-2
TEL 03-6275-1522（代）　FAX 03-6275-1527
https://lifescience.co.jp
印刷所 大村印刷株式会社

Printed in Japan
ISBN 978-4-89775-472-7 C1075